오십부터는 행복하기로 결심했다

오십부터는 행복하기로 결심했다

인생에 허무만 남은
당신을 위한 긍정심리학

우문식
지음

위즈덤하우스

우리의 마음은 밭이다. 그 안에는 기쁨, 사랑, 즐거움, 희망과 같은 긍정의 씨앗이 있는가 하면 미움, 절망, 좌절, 시기, 두려움 등과 같은 부정의 씨앗이 있다. 어떤 씨앗에 물을 주어 꽃을 피울지는 자신의 의지에 달렸다.

- 틱낫한, 『화』 중에서

벌써 오십, 왜 나는 행복하지 않을까?

P씨는 근래 자주 화를 낸다. 회사에서는 사소한 일에 짜증을 낼 때가 많다. 퇴근하고 집에 들어갈 때면 가슴이 답답하다. 대학을 졸업하고도 몇 년째 취업 준비에만 매달리고 있는 아들과, 중풍으로 고생하다 최근 치매 증상까지 보이는 어머니를 대면해야 하기 때문이다.

"어머니, 저 다녀왔습니다. 별일 없으셨죠? 밥은 잘 잡수셨어요?"

매번 똑같은 이야기다. 별다른 대답 없이 멀뚱멀뚱 자신의 얼굴만 바라보는 어머니를 보면 눈물이 날 때도 있지만, 울컥 화가 치밀 때도 있다. 어머니 방을 나와 아들 방으로 간다.

"어디 면접 보러 오라고 연락 온 데는 없나?"

"지난주에 두 군데 이력서 보내놨으니 기다려봐야죠."

아내와 함께 저녁을 먹는데, 입맛이 소태처럼 쓰다. 밥 먹다 말고 긴 한숨이 쏟아진다.

"여보, 우리가 언제까지 이렇게 살아야 하지? 나도 은퇴가 얼마 남지 않았잖아? 그런데 다 큰 아들 뒷바라지하랴, 편찮으신

어머니 봉양하랴, 너무 힘들고 지친다.”

“그럼 어쩌겠어. 아들을 내쫓을 수도 없고, 어머니를 내보낼 수도 없고. 나는 더 힘들어. 당신은 회사라도 가잖아. 종일 집에서 두 사람한테 시달리는 나는 얼마나 힘든 줄 알아?”

아내의 말을 들은 P씨는 숟가락을 집어던진다. 화가 나서 도저히 밥을 먹을 수가 없다.

K씨는 회사 조직 개편으로 어쩔 수 없이 명예퇴직했다. 정년까지 버텨보려 했으나 후배들까지 나가는 마당에 더는 버텨낼 재간이 없었다. 얼마든지 일할 수 있는 나이에 갑자기 출근할 직장이 없어지자 견딜 수 없는 상실감이 밀려왔다. 낮에 마트에 가려고 집 밖을 나서기라도 하면 사람들이 자신을 보고 백수라고 손가락질하는 것만 같다.

“퇴직금에 명예퇴직 수당 받은 것도 있잖아? 괜찮은 프랜차이즈 하나 해보는 건 어때?”

이렇게 권하는 친구들도 있다. 프랜차이즈는 그나마 안전하니까 해볼 만하다고 부추긴다. 가진 돈을 몽땅 털어서 사업을 시작해보라는 것이다. 하지만 K씨는 걱정부터 앞선다.

‘그러다 퇴직금을 다 날리면 어떻게 먹고살라는 거야? 안 돼, 안 돼…’

“월급이 적더라도 작은 회사 문을 계속 두드려봐. 네 경력과 실력이 아깝잖아.”

위로하려는 것인지는 몰라도 이렇게 말하는 친구들도 있다. K씨의 생각은 다르다.

'젊은 애들도 일자리가 없는 판국에 나 같은 사람한테 누가 일자리를 주겠어. 안 될 거야.'

"훌훌 털어버리고 이제부터 골프나 치면서 사세요. 아니면 낚시나 등산도 좋고요."

속 편하게 이런 제안을 하는 지인도 있다. 돈을 더 벌어도 시원찮은 마당에 말이다.

'내가 지금 골프 치러 다닐 처지인가? 회사 다닐 때와는 사정이 달라. 안 된다고.'

결국 K씨는 아무것도 하지 못한 채 걱정만 하면서 불안한 하루하루를 보낸다.

L씨는 새벽 5시 30분쯤 눈떴다. 부엌으로 가 밥을 지으려다가 정신이 번쩍 든다.

'아차, 내가 또 이러네. 일찍 일어나 밥할 필요가 없는데도 왜 자꾸 이러는지….'

얼마 전 큰아이에 이어 작은아이까지 결혼해 분가한 이후에는 아침 일찍 출근하는 사람이 집에 없으니 서둘러 밥을 짓지 않아도 되는데, 수십 년간 해오던 일이라 그런지 이른 새벽마다 잠이 깨곤 한다. 한번 깨면 다시 잠이 오지 않아 거실 소파에 멍하니 앉아 있다가 아침을 맞는다.

퇴직한 남편과 단둘이 마주앉은 밥상에는 침묵이 흐른다. 할 이야기도, 밥맛도 없다. 요즘 들어 부쩍 몸이 무겁고 기분도 가라앉는다. 체중도 점점 줄어든다. 결혼 생활이 행복했다고 할 수는 없지만, 불행하게 살아온 것 같지도 않은데 자꾸만 허무하다는 생각이 든다.

'내가 자식들에게 지나친 기대와 희망을 품고 살아온 걸까? 자식들은 크면 다 떠나는 거 아닌가? 재미없고 무기력한 사람이지만, 그래도 내겐 아직 남편이 있지 않나? 왜 기댈 곳이 어디에도 없다는 생각이 드는 거지? 여자로서, 엄마로서, 아내로서 나는 이제 끝난 걸까?'

한국긍정심리연구소에 개설한 여러 강좌에 참여했던 수강생 중 나와 별도로 상담을 진행했던 사람들의 사연이다. 공통적인 사실은 이들이 모두 50대였다는 것이다. 열심히 일하며 성실하게 가정을 지키고 가족을 돌봐온 이들이 왜 이렇게 괴로워하고 힘들어하는 걸까?

P씨는 툭하면 화를 낸다. 자신을 둘러싼 환경과 주변에서 벌어지는 일들이 마음에 들지 않는다. 현실이 답답하고 버겁다. 화를 내지 않고는 견딜 수 없다. '화'의 사전적 정의는 '몹시 못마땅하거나 언짢아서 나는 성'이다. 순우리말 같지만, 한자로 '불 화(火)' 자를 쓴다. 화를 내는 것은 자신은 물론 다른 사람 마음에도 불을 지르는 행위다. '분노' 역시 화와 같은 뜻의 말이다. 화와

분노는 슬픔이나 기쁨처럼 누구에게나 나타나는 자연스러운 감정이다. 그렇지만 대부분의 사람은 자신의 분노를 여과 없이 표출하지는 않는다. 사회 속에서 더불어 살기 위해서는 참고 양보하고 배려해야 한다는 걸 교육과 경험을 통해 알기 때문이다.

분노 조절이 어려워 과도한 방식으로 화를 표출함으로써 정신적, 신체적, 물리적 피해를 경험하는 것을 분노조절장애(Intermittent explosive disorder)라고 한다. 불만감, 좌절감, 무력감과 같이 부적응적인 형태가 계속될 경우, 격분이나 울분으로 이어져 개인의 의지만으로는 조절과 통제가 어려워질 수 있다. 작은 일에도 화를 참지 못하거나, 별일 아닌데도 과도하게 공격적인 말이나 행동을 드러내며 분노를 표출하는 것이 특징이다.

K씨는 걱정과 불안을 달고 산다. 뭘 해보려고 하면 걱정과 불안이 앞선다. 잘못되면 어쩌나 두렵다. 그래서 그는 아무것도 할 수 없다. 불안 또는 불안감이란 특정한 대상 없이 막연히 나타나는 불쾌한 정서적 상태 또는 안도감이나 확신이 상실된 심리 상태를 가리킨다. 프랑스 작가 알랭 드 보통(Alain de Botton)은 『불안』이라는 자신의 책에서 우리의 삶은 불안을 떨쳐내고 새로운 불안을 맞아들이고 또다시 그것을 떨쳐내는 과정의 연속이라고 이야기한다. 걱정과 불안은 인간이 피할 수 없는 숙명과도 같은 존재라는 말이다.

하지만 미래에 대한 병적인 불안과 현 상황에 대한 과도한 공포로 일상생활에 장애가 생길 정도면 심각한 문제가 아닐 수 없다. 정신의학에서는 이를 불안장애(Anxiety disorder)라고 칭한다. 걱정과 불안은 지극히 정상적인 정서 반응이지만, 지나치면 상황에 대한 적절한 대처를 어렵게 하고 정신적 고통과 신체적 증상을 유발한다. 불안으로 교감신경이 자극되어 두통, 심장박동 증가, 호흡수 증가, 위장관계 이상 증상과 같은 신체적 장애가 나타나 불편감을 초래할뿐더러 직장 생활, 대인 관계, 학업과 같은 일상 활동에 어려움이 생긴다.

L씨와 같은 심리적 상태를 빈 둥지 증후군(Empty nest syndrome)이라고 부른다. 어미가 물어온 먹이를 먹고 자란 새끼들이 스스로 날갯짓해 둥지를 떠난 뒤 텅 빈 둥지 안에 홀로 남겨진 어미 새가 느낄 허전함과 공허함을 빗대어 만들어진 심리학 용어다.

어리게만 여겼던 자녀가 훌쩍 성장해서 대학을 가거나 군대에 갈 때, 취직이나 결혼으로 독립할 때 부모가 느끼는 쓸쓸한 감정을 가리킨다. 섭섭하고 허전하며, 가슴 한편이 뻥 뚫린 느낌이다. 집 안이 텅 빈 듯하다. 자신의 인생 전체가 부정당하는 것 같다. 부모 모두 이런 감정을 느끼겠지만, 특히 양육자 역할을 거의 전담했던 여성에게서 더 두드러지게 나타난다. 폐경기 이후 중년 여성에게 찾아오는 위기인 셈이다.

빈 둥지 증후군에 해당하는 여성들은 대개 우울증에 시달린다. 우울이란 근심스럽거나 답답하여 활기가 없는 상태다. 흔히 쓰는 말이며, 우울한 기분 역시 일상생활에서 누구나 느끼는 감정이다. 그러나 정신의학에서 말하는 우울증, 즉 우울장애

(Depressive disorder)는 일시적 기분이 아니라 전반적으로 정신적 기능이 저하된 상태를 가리킨다. 의욕이 없고 기분이 침체되어 감정, 생각, 신체, 행동에 변화가 생김으로써 삶에 영향을 끼치는 심각한 질환이다. 이런 증상이 거의 매일, 종일토록 나타나는 경우를 치료가 필요한 우울증이라고 한다.

P씨와 K씨와 L씨, 이 세 사람이 정신건강의학과를 찾아 전문의의 도움을 받는다면 어떨까? 의사는 이들의 분노, 걱정과 불안, 우울증을 진단하고 낫게 하기 위해 약물 치료, 인지 행동 치료, 상담 치료 등을 병행할 것이다. 의사는 병적 증상에 집중하고, 치료를 목표로 환자를 대한다. 심리학도 마찬가지다. 상담심리사나 임상심리사는 상담이나 심리평가를 통해 병적 증상을 완화하고 치료하는 데 초점을 맞춘다. 과거에도 그랬고 지금도 그렇다.

그런데 P씨와 K씨와 L씨의 근본적인 문제는 무엇일까? 자주 화를 내고, 걱정과 불안을 떨쳐내지 못하며, 우울증에 빠져 사는 게 문제일까? 그렇다면 치료를 통해 분노, 불안, 우울증이 완화되거나 없어진다면 이들에게 있던 문제가 모두 해결되는 것일까? 그렇지 않다. 문제는 고스란히 남는다. 견딜 수 없는 현실 때문에 마이너스로 내려갔던 부정적인 감정들이 제로 상태가 될 뿐이다. 문제가 없어지거나 그것에 직면하는 사람의 감정이 플러스가 되는 게 아니라 제로가 될 뿐인데도, 대개 마이너스에서 벗어났다는 이유로 치료가 되었다고 판단한다. 증상이 완화되거나 없어지더라도, 세 사람이 놓여 있는 상황은 이전과 같다.

근본적인 문제는 이들이 행복하지 않다는 데 있다. 주어진 현실에 만족하거나 더 나은 미래를 위해 노력하면서 행복을 맛보는 삶을 살지 못하기에 부정적인 감정들이 살아나 분노, 불안, 우울 등에 지배당한 채 살아가는 것이다.

이전에 보지 못했던 긍정적인 정서들을 발견해 이를 점점 키워가면서 행복을 충분히 맛보며 살아가도록 만들어주는 학문이 있다. 바로 긍정심리학(Positive psychology)이다. 긍정심리학의 목표는 치료가 아니라 이를 넘어서 진정한 행복에 이르도록 하는 것이다. 감정과 정서가 마이너스 상태인 사람을 제로로 만드는 것이 아닌 플러스가 되도록 끌어올리는 것이 긍정심리학의 목표다. 긍정심리학은 '마이너스 5'의 상황에 처해 있는 사람들을 제로로 만들뿐더러 '플러스 5'가 될 때까지 돕고 지원하는 학문이다.

이것이 긍정심리학이 정신의학 그리고 기존 심리학과 다른 점이다. 불행에 빠진 사람을 불행하지 않게 만드는 것과 행복하게 만드는 것은 전혀 다른 차원의 문제다. 불행하지 않다고 해서 행복한 것이 아니다. P씨와 K씨와 L씨, 세 사람이 진정 원하는 바 역시 단순히 자신들의 약점을 보완해서 불행하게 살지 않는 것이 아니라 강점을 발휘해서 진정으로 가치 있고 행복이 충만한 삶을 사는 것일 테다.

긍정심리학은 1998년 당시 미국심리학회 회장이던 펜실베이니아대학교 심리학과 교수 마틴 셀리그만(Martin Seligman)이 창시했다. 긍정심리학은 개인과 조직과 사회에서 일어나는 기쁘고 좋은 일을 오랫동안 지속해나가는 방법과, 힘들고 나쁜 일을 극복하고 해결할 수 있는 과학적인 방법을 알려준다. 긍정심리학이 주장하는, 가장 기본이 되는 가정은 인간에게는 질병, 질환, 고통이 발생하는 것과 매한가지로 강점, 미덕, 탁월함도 주어진다는 것이다. 이를 끌어내어 극대화하는 것이 긍정심리학이다.

셀리그만은 1967년부터 2000년 초까지 미국에서 발간된 신문의 주요 기사에 나오는 단어를 분석했다. 압도적으로 많이 등장한 단어는 '화'였다. '걱정'과 '불안' 그리고 '우울'이라는 단어가 그 뒤를 이었다. 반면 '기쁨', '즐거움', '행복' 같은 단어는 별로 눈에 띄지 않았다. 부정적인 단어 세 개가 긍정적인 단어 세 개보다 무려 21배나 많이 등장했다고 한다. 현대사회의 암울한 단면을 보여주는 사례다.

이는 비단 미국만의 일이 아니다. 매일 눈만 뜨면 각종 언론과 인터넷에 온갖 극악무도한 범죄 소식과 부정적인 이야기가 넘쳐난다. 그동안 정신의학과 심리학은 이 같은 부정적인 요소들을 제로 상태로 만드는 데 온갖 노력을 기울여왔다. 그런데도 개인과 사회에 만연한 암울한 모습들은 변하지 않았다.

나는 행복할 수 없는 사람이었다. 내 처지와 환경은 행복과 거리가 멀었다. 내 머릿속은 부정적 단어들로 가득했다. 그러나 긍정심리학을 만난 후 나는 세상에서 가장 행복한 사람이 됐다. 지금 내 머릿속에는 긍정적 단어들이 가득하다. 지난 20여 년 동안 나는 긍정심리학을 연구하고 전파하는 데 온 힘을 쏟아부었다. 여러 권의 책을 번역하고 집필했으며, 수없이 많은 강의를 다녔고, 내담자를 대상으로 수많은 심리 상담을 했다.

그러다가 최근 주목하게 된 대상이 50대다. 앞서 예로 든 P씨와 K씨와 L씨처럼 지금 우리 사회의 50대는 분노, 불안, 우울 같은 부정 정서에 깊이 빠져 있다. 셀리그만이 분석했던 대로 부정적 단어의 늪에서 허우적거리는 것이다. 이들에게는 긍정심리학의 도움이 필요하다.

50대는 인생의 중심에 서 있는 연령대다. 살아온 전반전을 성찰하고, 남은 후반전을 대비할 때다. 하지만 현실은 녹록하지 않다. 본인은 은퇴가 머지않았는데, 자식들은 취업도 결혼도 막막하기만 하다. 게다가 연로한 부모를 모시며 병치레까지 감당해야 한다. 인생 후반전을 잘 준비한 사람들도 있겠지만, 아무런 준비도 할 수 없고 대책도 없는 경우가 태반이다. '어쩌다 벌써 이 나이가 됐나? 그런데 나는 왜 행복하지 않은 걸까?' 자책할 필요가 없다. 전반전을 어떻게 살아왔든 중요한 건 남은 후반전이다. 대한민국의 50대에게 긍정심리학이 한 줄기 빛과 같은 역할을 할 수 있으리라 믿는다. 내가 이 책을 쓴 이유다.

셀리그만은 무릇 가장 훌륭한 치료사는 환자의 상처를 치유하는 데 그치는 게 아니라 강점과 미덕을 찾아주고 계발할 수 있도록 이끌어주는 사람이라고 말했다.

나는 불행의 강에 빠져 있는 50대를 행복의 언덕으로 이끌고, 부정적 감정과 정서의 늪에서 허우적대는 50대를 긍정적 감정과 정서의 들판으로 인도하고 싶다. 그들의 가장 훌륭한 치료사가 되고 싶다. 내가 이 책에서 말하는 대로 따라오기만 한다면 누구에게라도 가능한 이야기다.

보수적인 연구 과학자인 셀리그만은 지키지 못할 약속을 하는 사람이 아니다. 그런 그가 사람들에게 당당히 약속했다. 긍정심리학은 당신을 플로리시(flourish, '번영하다', '번창하다'라는 뜻으로 긍정심리학에서는 '행복의 만개', 즉 최고의 삶을 위해 개인이 가진 모든 잠재력을 발휘해 활짝 핀 꽃처럼 행복을 꽃피운 상태를 가리킨다)하게 만들어줄 것이라고.

나 또한 약속한다. 이 책을 읽는 이들에게 반드시 행복을 가져다줄 것이라고. 더불어 한 가지 약속을 보태자면, 아직 50대가 멀게만 느껴지는 젊은 연령층에게는 더 여유 있게 미래를 계획할 기회를, 이미 늦었다고 생각하는 노년층에게는 행복을 꽃피울 인생의 시간이 충분히 남아 있다는 깨달음을 값진 선물로 선사할 것을 약속한다.

2024년 가을
이팝나무 낙엽 가득한 백운산 입구에서
우문식

Part 3

긍정 정서를 다시 새기자

Part 4

인간관계를 새롭게 구축하자

Part 7

진정한 행복은
만들어가는 것이다

Part 1

인생 후반전,
더 행복해질 수 있다

인생 후반전,
돈만 있으면 된다?

　미래 준비 혹은 노후 설계라고 하면 사람들은 돈부터 떠올린다. 돈만 넉넉하게 있으면 나이 들어서도 얼마든지 편안하고 행복한 삶을 살 수 있으리라 생각한다. 그래서 악착같이 돈을 모으거나 은퇴 후를 대비해 연금이나 적금을 꼬박꼬박 붓는다. 그렇다면 돈 많은 부자들의 인생 후반전은 행복할까? 반대로 하루 벌어 하루 먹고사는 가난한 사람들의 노후는 불행할까?

　"요즘 당신은 자신의 생활에 대체로 얼마나 만족하십니까? 당신의 생활 만족도를 1에서 10 사이의 수치로 표현해보십시오."

　부와 가난이 행복에 얼마나 영향을 미치는지를 연구하기 위해 40개국 1,000여 명을 대상으로 위와 같은 질문을 던졌다. 그런 다음 각국의 생활 만족도와 미국의 구매력을 100으로 기준했을 때의 평균 구매력을 비교했다. 가장 높은 순위는 스위스로 생활 만족도 8.36, 구매력 96이었고, 생활 만족도 8.16, 구매력

81인 덴마크가 그 뒤를 이었다. 제일 낮은 순위는 불가리아로 생활 만족도 5.03, 구매력 22였다. 대한민국은 생활 만족도 6.69, 구매력 39로 중간 정도에 위치했다. 대체로 구매력, 즉 경제적 능력이 뛰어난 나라일수록 생활 만족도도 높았다. 하지만 일본은 구매력이 87임에도 생활 만족도는 6.53이었고, 중국은 구매력이 9임에도 생활 만족도는 7.29였다. 경제력이 높은데도 생활 만족도는 낮거나, 반대로 경제력이 낮은데도 생활 만족도는 높은 나라가 있는 것이다.

조사 결과 1인당 국민총생산(GNP)이 8,000달러 이상이면 생활 만족도와 부의 상관관계가 없어진다는 사실을 알 수 있었다. 가난이 생존 자체를 위협하는 극빈 국가에서는 부가 더 큰 행복을 예측하는 잣대임이 분명하나, 사회 안전망이 탄탄한 선진국에서는 부의 증가가 행복에 미치는 영향은 무시해도 될 만한 수준이었다.

미국 캘리포니아주립대학교 리버사이드캠퍼스 심리학과 소냐 류보머스키(Sonja Lyubomirsky) 교수 등의 '주관적 행복의 척도'에 관한 조사에 따르면, 미국의 경제 전문지 《포브스(Forbes)》가 선정한 100대 갑부로서, 연간 평균 순수입이 1억 2,500만 달러에 달하는 어마어마한 부자들도 보통 시민들보다 조금 더 행복할 뿐이었다.

한 국가의 경제력을 측정하는 국민총생산이나 국내총생산(GDP)에는 국민이 얼마나 행복한지를 들여다볼 수 있는 어떤 지표도 없다. 생산되고 소비되는 재화와 용역의 양만을 알 수 있을 뿐이다. 예를 들면 부부 한 쌍이 이혼할 때마다 국내총생산은 증가한다. 자동차가 서로 충돌할 때마다, 항우울제를 한 줌 가득 삼키는 사람이 늘 때마다 국내총생산은 증가한다. 경찰서 출입이 잦을수록, 출퇴근 거리가 멀수록 삶의 질은 떨어지지만, 국내총생산은 증가한다. 담배 매출액과 카지노 수익도 국내총생산에 포함된다. 법률, 심리 치료, 의약품 같은 일부 산업계는 불행에 빠지는 사람이 많을수록 더 번창한다. 재화와 용역의 양을 증가시키는 것, 즉 경제적 풍요가 인간의 행복을 증진시키는 결정적 요소가 아니라는 사실만큼은 분명하다.

미국 서던캘리포니아대학교 경제학과 명예교수인 리처드 이스털린(Richard Easterlin)은 경제학의 눈으로 행복을 바라보는 이색적인 학자다. 100세를 목전에 둔 그는 30년간 소득과 행복을 연구한 책 『지적 행복론』에서 돈과 행복의 함수관계에 대한 명쾌한 해답을 제시한다. '행복 경제학'의 창시자로 불리는 그의 질문은 매우 단순하다.

"사람은 얼마나 부자가 되어야 행복할까?"

"과연 돈이 인간의 행복에 가장 중요한 조건일까?"

그는 어렸을 때 부자가 되기를 꿈꿨다고 한다. 그러다가 문득 "부자가 되면 정말 행복해질까?"라는 의문에 직면했다. 그래서 연구를 시작했다. 오랫동안 '삶의 만족도'를 묻는 설문 조사를 통해 체계적인 자료를 만들었다. 한 국가의 과거와 현재를 비교하는 '시계열 데이터'와 동시대의 국가들을 서로 비교하는 '횡단면 데이터'를 수집해서 분석한 것이다. 그 결과를 집약한 것이 '행복의 가성비'다. '이스털린의 역설(Easterlin paradox)'이라고도 한다.

그는 일정 소득을 넘어 기본 욕구가 충족되면 소득이 증가해도 더 이상 행복해지지 않는다고 말한다. 소득과 행복은 비례하지 않는다는 것이다. 가령 월급을 100만 원 받던 사람이 어느 날부터 200만 원을 받으면 단기적으로 행복 지수가 올라가지만, 조금 지나면 그 상황에 익숙해져 무덤덤해진다. 그러다가 300만 원으로 월급이 오르면 행복감에 사로잡힌다. 하지만 얼마 후 또 그 상황에 적응한다. 이런 식으로 계속 가다가 월급이 500만 원을 넘어서면 그다음부터는 월급이 올라도 별 감흥이 생기지 않는다. 경제적 여건이 어느 정도 충족되었기 때문에 돈이 행복의 우선순위에서 뒤로 밀려나거나 아예 빠져버리는 까닭이다.

지난 70년 동안 미국의 실질소득은 세 배 증가했지만, 행복 수준은 그때나 지금이나 변동이 없거나 오히려 하락 추세다. 우리나라도 보릿고개였던 1950~1960년대와 비교하면 실로 엄청난 경제성장을 이루었으나 행복 지수는 더 올라가지 않는 데 반해, 자살률과 이혼율은 갈수록 증가하고 우울증과 고독감에 시달리는 사람은 늘어만 가는 상황이다. 이스털린 교수는 모두의 소득이 증가하면 더 풍족해지지만, 평균적으로 아무도 더 행복해지지 않는다고 말하는데, 이 같은 모순에 직면하게 된다는 이야기다.

그렇다면 소득이 증가하는데도 더 행복해지지 않는 이유는 뭘까? 그것은 '사회적 비교' 때문이다. 내가 얼마나 돈을 더 버느냐에 관심을 가지고 살다가 일정한 단계에 다다르면 내가 남보다 얼마나 더 버느냐가 중요해진다는 것이다.

그는 흥미로운 실험을 했다. 제자들을 상대로 연봉 선택 실험을 한 것인데, 졸업 후 직장에 들어가 받게 될 연봉이라는 가정하에 그들에게 다음 두 안 중 하나를 선택하도록 했다.

A. 나는 10만 달러를 벌지만, 다른 동기들은 20만 달러를 번다.

B. 나는 5만 달러를 벌지만, 다른 동기들은 2만 5,000달러를 번다.

연봉의 액수를 생각한다면 당연히 높은 연봉을 받을 수 있는 A를 선택하는 게 맞을 것이다. 그러나 학생 중 3분의 2가 B를 선택했다. 액수는 적더라도 내 연봉이 친구들이 받는 연봉의 두 배인 상황이 더 낫다고 생각한 학생이 더 많았던 것이다. 절대 금액은 많지만, 친구들이 내 연봉의 두 배를 받는 상황이라면 상대적 박탈감을 느껴 행복하지 않으리라고 여기는 것이다.

내가 가진 것에 만족하는 게 아니라 남이 가진 것과 비교하고 불만을 품는 비교의 악순환에서 벗어나려면 어떻게 해야 할까? 이스털린 교수는 가지고 싶은 것이 적을수록 행복의 수준은 높아진다고 말한다. 그에 따르면 나이를 먹을수록 점점 덜 가지려고 노력해야 한다. 일정 수준의 경제적 토대가 갖춰졌다면, 돈을 더 버는 데 시간을 쓰기보다 자신의 건강이나 가정생활에 시간을 쓰는 것이 행복한 삶을 사는 비결이라고 그는 조언한다. 그가 강조하는 진정한 행복의 가성비는 돈 버는 데 집중하는 것이 아닌 내가 사랑하는 사람에게 더 집중하는 것이다.

물론 돈은 매우 중요하다. 자본주의 사회에서는 특히 그렇다. 의식주를 비롯해 가장 기본적인 욕구를 충족하고 인간다운 품격을 유지하려면 경제적 토대가 갖추어져 있어야 한다. 인생 전반전은 이를 위해 땀 흘리는 기간이다.

그러나 후반전에도 전반전에서처럼 돈을 벌기 위해 전력투구해서는 안 된다. 인생은 연습이 없는 단 한 번의 실전이기 때문이다. 내 행복에 영향을 미치는 것은 돈 그 자체보다 돈이 내 삶에서 차지하는 비중이다. 모든 것을 돈의 가치로만 평가하는 물질만능주의는 오히려 우리의 행복을 가로막는다. 돈을 가장 중시하는 사람은 아무리 소득이 높은들 자신의 소득은 물론 삶 전체에 대해 늘 부족함을 느낀다.

사람들이 죽기 전에 가장 후회하는 것은 무엇일까? 너무 일만 하며 돈 버는 데 많은 시간을 소비한 것, 가족과 친구 등 사랑하는 사람들과 충분한 시간을 보내지 않은 것, 걱정하는 데 지나치게 많은 시간을 쓴 것 등이다. 돈을 더 벌지 못한 것을 후회하는 사람은 거의 없을 것이다.

나이 듦에 관한
진실과 거짓

행복한 인생의 필요충분조건이 있다면 무엇일까? 아마도 대부분 돈 다음으로 건강을 떠올릴 것이다. 아무리 부자라도 건강하지 않으면 돈이 무용지물일 수밖에 없고, 건강만큼은 자신 있다 해도 경제적으로 너무 쪼들리면 행복을 느낄 수 없기 때문이다. 50대에 엄습하는 불안 중 하나는 자신의 건강에 관한 것이다. 인생 후반전에 주어진 시간이 아직은 넉넉하다고 생각하다가도 주변에서 누군가 심각한 병에 걸렸다든지 세상을 떠났다는 소식을 들으면 나에게 주어진 시간이 많지 않을 수도 있다는 생각에 사로잡힌다.

건강이란 무엇일까? 우리는 몸과 마음이 아프거나 병들지 않은 것을 건강한 상태라고 생각한다. 의학과 심리학의 관점 역시 이와 같다. 하지만 긍정심리학에서는 몸과 마음이 아프거나 병들지 않은 차원을 넘어 긍정 정서를 느끼고 소중한 사람들에게 몰입하며, 삶에 의미를 부여하고 목표를 성취하면서 좋은 관계를 유지하는 것, 즉 몸과 마음의 진정한 웰빙(well-being) 상태가 곧 건강이라고 정의한다. 이는 세계보건기구(WHO) 헌장의 정의와 다르지 않다.

> 건강이라는 것은 단순히 질병이 없거나 병약이 존재하지 않는 것이 아니라 신체적, 정신적, 사회적으로 완전한 웰빙 상태를 뜻한다.
>
> —「WHO 헌장」(1948)

마틴 셀리그만은 자신의 책 『플로리시』에서 이렇게 고백했다.

> 저는 35년 동안 심리치료사로 살아왔습니다. 아주 훌륭한 치료사는 아니었죠. 고백건대 경청하는 것보다는 말하는 것에 더 능했습니다. 하지만 가끔은 매우 잘해내서 환자의 슬픔과 불안과 분노가 거의 모두 사라지게 도와줬습니다. 저는 제 할 일이 끝났고 환자가 행복하리라고 생각했습니다. 제 환자는 행복해졌을까요? 아닙니다. 그는 텅 빈 환자가 됐습니다. 그 이유는 긍정 정서를 느끼고 소중한 사람들에게 몰입하며, 삶에 의미를 부여하고 목표를 성취하면서 좋은 관계를 유지하는 기술이 우울을 없애고 불안을 없애고 분노를 없애는 기술과는 완전히 다르기 때문입니다. 이 불쾌한 정서들은 웰빙을 방해하지만 웰빙을 불가능하게 하지는 않습니다. 슬픔, 분노, 불안의 부재가 행복을 보장하지는 않습니다.

생로병사는 모든 인간에게 똑같이 적용되는 법칙이다. 하지만 내게 주어진 인생의 시간을 가치 있고 의미 있는 시간으로 채워나가기 위해 부단히 노력하고 땀 흘리며 긍정적으로 살아가는 것과, 현실의 장애 앞에서 쉽게 무릎 꿇고 부정 정서에 매여 살아가는 것은 전혀 다른 결과를 가져온다. 노화를 막을 수는 없지만 늦출 수는 있다. 건강한 몸과 마음을 갖추는 것은 나 자신은 물론 가족과 타인을 배려하는 일이자, 후반전에 다가올 불행을 예방하는 일이다. 내가 몸져눕거나 병원을 제집 드나들 듯 한다면 가족들은 끔찍한 고통을 당할 것이다.

나이가 들어서도 계속 내 할 일을 찾아서 하고, 자신과 주변 사람들을 챙기며 사랑하도록 만드는 힘은 어디에서 오는가? 낙관적인 성격과 꾸준한 자기 관리가 그 동력이다.

에세이스트이자 큐레이터인 조슈아 울프 솅크(Joshua Wolf Shenk)는 미국의 저명한 문예지 《애틀랜틱 먼슬리(Atlantic Monthly)》 2009년 6월호에 '무엇이 우리를 행복으로 이끄는가?'라는 글을 기고했다. 여기서 그는 세계 최장기간 성인 발달 연구를 해온 하버드대학교 조지 베일런트(George Vaillant) 교수의 연구를 다음과 같이 소개한다.

베일런트 교수는 연구 대상자들이 은퇴할 나이가 되었을 무렵에 신체적, 정신적으로 건강한 노화를 가능하게 하는 일곱 가지 행복의 조건을 찾아냈다. 고통에 대응하는 성숙한 방어기제, 교육, 안정적인 결혼 생활, 금연, 금주, 운동, 적당한 체중이 그것이다. 50대에 이르러 그중 대여섯 가지 조건을 충족했던 하버드 대학교 졸업생 106명 가운데 절반이 80세에도 '행복하고 건강한' 상태였고, 7.5%만이 '불행하고 병약한' 상태였다. 반면 50세에 세 가지 미만의 조건을 갖추었던 이들 중에서는 80세에 이르러 '행복하고 건강한' 상태인 사람이 아무도 없었다고 한다. 50세에 적당한 체형을 갖추었다 하더라도 세 가지 미만의 조건을 갖춘 사람들이 80세 이전에 사망할 확률이 네 가지 이상의 조건을 갖춘 이들보다 세 배는 높았다는 것이다.

고통에 직면했을 때 회피하거나 미성숙한 방법으로 대응하지 않고 성숙한 방어기제를 동원하는 것, 꾸준히 배우고자 하는 열정과 호기심, 흔들림 없는 안정적인 결혼 생활은 낙관적인 성격이 아니면 갖추기 힘든 일이다. 금연, 금주, 운동, 적당한 체중 유지 역시 자기 관리를 꾸준히 할 때만 가능하다. 낙관적인 태도로 자기 관리를 잘하는 사람이 나이 들어서도 행복하고 건강한 삶을 산다는 사실이 증명된 것이다.

또한 설령 자기 관리를 잘해서 체형에 문제가 없어도 낙관적인 성격으로 할 일을 찾아서 하고, 사람들을 챙기며 사랑하지 않으면 행복하고 건강하게 사는 일이 쉽지 않다는 것을 알 수 있다. 비관성은 사망률과 밀접한 관계가 있다. 낙관적으로 생각하고 행동하는 사람들은 매사 비관적으로 생각하고 행동하는 사람들보다 질병에 걸릴 확률은 물론 사망률도 매우 낮다.

셀리그만은 『긍정심리학』에서 '행복과 장수'에 관한 기존 연구 중 178명의 수녀를 대상으로 진행한 연구 사례를 소개했다. 수녀들은 속세와 격리된 채 규칙적으로 생활한다. 자극적인 음식을 먹지 않고 술, 담배도 즐기지 않는다. 모두 미혼이므로 아이를 낳은 경험도 없거니와 남편이나 자식 문제로 골머리를 앓을 필요도 없다. 대부분 사회적, 경제적으로 같은 지위와 수준을 유지한다. 겉으로 보기에 장수의 모든 요건을 갖추고 있다.

그런데 조사 대상 중 한 명인 세실리아 수녀는 98세에 이르도록 병치레 한 번 없이 건강하고 행복하게 살았고, 마거릿 수녀는 59세에 뇌졸중으로 쓰러진 뒤 얼마 지나지 않아 사망했다. 수녀들의 생활 방식이나 음식, 의료 혜택 여부 등은 수명에 영향을 미치는 주요 원인이 아니라는 것이 밝혀진 셈이다. 그렇다면 두 수녀의 수명 차이는 무엇 때문이었을까?

주님께서 헤아릴 수 없이 귀한 은총을 제게 베푸시어 인생을 잘 출발하도록 이끌어주셨습니다. 수련 수녀로서 노트르담수녀회에서 학습하며 보낸 그 세월 동안 저는 참으로 행복했습니다. 지금 저는 성스러운 성모 마리아의 수도복을 받고 사랑의 하느님과 더불어 살아갈 것을 크나큰 기쁨으로 간절히 바라고 있습니다.

세실리아는 1932년 미국 밀워키(Milwaukee)에서 수녀로서 종신서원을 했다. 그리고 노트르담수녀회의 수련 수녀로 입회하면서 아이들을 가르치는 일에 일생을 바칠 것을 결심했다. 당시 자신의 삶을 짤막하게 소개하는 글을 써달라는 요청에 위와 같은 글을 쓴 것이다.

반면 그해에 함께 종신서원을 했던 마거릿은 자신의 삶을 소개하는 글을 이렇게 썼다.

저는 1909년 9월 26일, 2남 5녀 중 맏이로 태어났습니다. 수도회 본원에서 수련 수녀로 지낸 첫해는 화학을 가르쳤고, 다음해는 노트르담학교에서 라틴어를 가르쳤습니다. 하느님의 은총으로 수도회와 전교 활동과 제 영적 성장을 위해 최선을 다할 생각입니다.

두 수녀의 글은 대조적이다. 세실리아의 글에는 긍정 정서가 담긴 단어가 많다. 반면 마거릿의 글에는 그런 단어가 보이지 않는다. 사실 위주로 담담히 기술했을 뿐이다.

연구자들이 긍정 정서의 합계를 기준으로 조사한 결과, 늘 활기차게 지낸 수녀 집단의 90%는 85세까지 산 데 반해 무미건조하게 지낸 수녀 집단 중 34%만이 85세까지 살았다. 또 항상 활기 넘치게 지낸 수녀들의 54%가 94세까지 오래 살았지만, 무미건조하게 지낸 수녀 중 94세까지 산 사람은 11%에 불과했다. 낙관적 태도로 행복한 삶을 살았던 수녀들이 그렇지 않은 수녀들보다 훨씬 더 무병장수했다는 것이다.

하버드대학교 심리학과 엘렌 랭어(Ellen Langer) 교수는 1979년 '시계 거꾸로 돌리기 연구'라는 독특한 실험을 했다. 혼자 서 있기도, 짐 나르기도 힘든 70대 후반에서 80대 초반의 노인들을 시골 수도원에서 생활하게 한 것이다. 이들에게는 실험 당시가 1959년인 것처럼 말하고 행동하기 그리고 청소와 빨래와 설거지 등 집안일을 자신이 직접 하기, 이 두 가지 규칙이 주어졌다.

일주일 후 이들에게 어떤 변화가 생겼을까? 행동의 변화가 이들의 몸에도 그대로 반영됐을까? 놀랍게도 노인들은 일주일 만에 눈에 띄게 활력을 되찾았으며, 신체 기능 역시 확실하게 좋아졌다. 신체 나이가 무려 50세 수준으로 젊어진 것이다.

이전에 이들의 발목을 잡은 것은 신체가 아닌 신체적 한계를 믿는 사고방식이었다. 아무 생각 없이 나이에 맞게 수동적으로 살면 기대한 대로 늙고 병들 수밖에 없지만, 늘 새로운 일에 도전하고 몰입하며 가능성에 능동적으로 의식을 집중하면 늙는다는 착각에서 벗어날 수 있다는 것이 이 실험이 밝혀낸 결론이다.

은퇴 이후,
예방이 가장 중요하다

오스트리아의 심리학자이자 정신분석학의 창시자인 프로이트(Sigmund Freud)는 인간의 무의식을 최초로 발견한 사람으로, 정신의학과 심리학 분야에 지대한 영향을 미쳤다. 그는 거의 모든 자신의 이론을 성적 욕구와 연관하여 설명했으며, 특히 유아기와 유년기에 벌어진 사건이 한 사람의 평생을 좌우한다고 주장했다.

그가 주창한 정신분석학은 심리 상담과 정신 치료가 이루어지는 곳곳마다 파고들었다. 거기에는 자기 정체성을 형성해온 부정적인 충동과 사건을 찾느라 자신의 과거를 들쑤셔야 하는 환자들이 있었다. 그가 끼친 영향력이 막강했기에 치료 과정에서 과거를 통해 현재를 들여다보려는 이 같은 경향은 오랫동안 지속됐다.

그 결과 빌 게이츠(Bill Gates)의 경쟁력이 자신의 아버지를 능가하려는 욕망으로 둔갑하고, 고 다이애나(Diana Spencer) 영국 왕세자비가 대인 지뢰 반대 운동에 참여한 것은 찰스 3세(Charles III)를 비롯한 왕족에 대한 증오심 때문이며, 루스벨트(Franklin Roosevelt) 전 미국 대통령의 아내인 엘리너 루스벨트(Eleanor Roosevelt)가 흑인과 빈민과 장애인을 돕는 데 일생을 헌신한 이유는 그녀 어머니의 나르시시즘과 아버지의 알코올의존증에 대한 보상 심리로부터 기인했다고 분석됐다. 정의롭게 살고 싶다거나 인간으로서 마땅히 해야 할 도리를 다하고 싶은 동기들은 모두 배제된 것이다. 만일 이러한 행동 분석이 학문적으로 타당하다면, 우리는 결국 선행의 근본 동기를 우리 안에 잠재된 부정적인 요소에서 찾을 수밖에 없다.

그러나 개인의 강점과 미덕이 과거의 부정적인 동기에서 비롯된다는 증거는 어디에도 없다. 셀리그만은 실제로는 어린 시절의 경험이 성인기의 삶에 거의 또는 전혀 영향을 미치지 않는다고 말한다. 설령 유아기에 받은 깊은 상처가 성인기의 성격 형성에 영향을 끼친다고 해도, 그것은 감지하기 힘들 정도로 아주 작은 영향일 뿐이라는 것이다.

그는 성인기에 겪는 장애는 유년기의 불행한 경험 때문이 아니므로, 성인기에 나타나는 우울, 불안, 불행한 결혼 생활이나 이혼, 약물중독, 성적 장애, 자녀 학대, 알코올의존증, 분노 등의 원인을 어린 시절의 불행에서 찾는 것은 타당성이 없다고 주장한다. 이 놀라운 사실을 깨닫는 것만으로도 사람들은 자신을 과거에서 벗어나게 할 수 있으며, 미래의 삶을 더 행복하게 만들 수 있다.

긍정심리학은 과거가 아니라 미래에 주목한다. 과거의 부정적 경험을 통해 현재의 나를 치료하는 데만 집중하지 않으며, 개인의 긍정적 강점과 미덕을 발견해 현재의 나를 치료할 뿐 아니라 미래를 준비하고 예방하는 데 더욱 집중한다. 긍정심리학의 사명은 바로 예방에 있다. 증상이 발견되어 치료를 받아야 할 정도면 시기적으로 이미 늦은 것이다. 건강하고 행복할 때 예방에 힘써야 혹시 나중에 닥칠지도 모를 고통의 나락에서 자신을 구할 수 있다. 치료 결과는 불확실하지만, 예방 효과는 크다.

그렇다면 과연 청소년기에 긍정심리학의 도움을 받으면 성인기의 우울증, 조현병, 약물중독 등을 예방할 수 있을까? 셀리그만은 이에 관한 연구에 몰두했다. 그 결과 10세 아이들에게 낙관적으로 생각하고 행동하는 방법을 가르치면, 그들이 사춘기에 접어들었을 때 우울증에 걸릴 확률이 긍정심리학의 도움을 받지 않은 아이들에 비해 절반으로 줄어든다는 사실을 밝혀냈다.

그는 이처럼 예방에 관한 연구 및 임상 실험이 자신이 해야 할 일이라고 생각했다. 긍정심리학은 불행, 분노, 비관, 무기력, 우울증, 스트레스 등을 예방할 수 있고, 성격 강점을 발견하고 발휘하게 하여 아이들이 행복하고 건강한 미래를 만들어갈 수 있게 해준다.

정신 질환을 예방하려면 청소년 각자의 강점, 능력, 미덕, 더 구체적으로는 미래 지향성, 희망, 사회성, 대인 관계, 용기, 집중력, 신념, 직업윤리 등을 제대로 파악하고 계발해주어야 한다. 이런 강점들을 꾸준히 계발하면 정신 질환에 걸릴 정도로 심한 고통을 상당히 완화할 수 있다. 낙관성과 희망이라는 강점을 계발하면 설령 유전적 위험 요소가 있더라도 청소년기의 우울증을 예방할 수 있다.

심지어 마약 밀매가 성행하는 좋지 않은 환경에서 자란 도시 빈민 지역 청소년이라고 할지라도 미래 지향적으로 생각하고 자신이 좋아하는 일에 몰입하며, 신념이 굳건하다면 약물에 중독될 위험성이 훨씬 적어질 것이다. 이처럼 고통 완화제로서의 강점 계발은 장애를 치료하는 데만 몰두하는 질병 모델과는 전혀 관계가 없다.

예방은 불확실성이 날로 심화하고 있는 조직에서도 중요하다. 9·11 테러가 일어나기 8년 전인 1993년, 미국 뉴욕의 세계무역센터에서 폭탄이 터지는 작은 사건이 일어났다. 이때 글로벌 금융회사 모건스탠리(Morgan Stanley)는 자신들이 입주해 있는 이 상징적인 건물이 테러리스트의 표적이 될 수도 있음을 깨달았다. 그 일을 계기로 모건스탠리는 사고가 났을 때 구성원들이 신속하게 탈출할 수 있도록 꾸준히 예방 훈련을 진행했다. 또한 사고가 발생하더라도 직원들이 업무를 계속할 수 있게끔 세계무역센터 주변에 별도의 사무실 공간을 마련했다.

이로부터 8년 후인 2001년 9월 11일, 공중 납치를 당한 비행기 두 대가 날아들어 세계무역센터가 무너지면서 3,000여 명의 사망자가 발생했다. 당시 모건스탠리의 사무실은 남쪽 건물에 있었는데, 먼저 북쪽 건물이 공격받고 15분 후 남쪽 건물에도 공격이 이어졌다. 모건스탠리 임직원 2,700여 명은 북쪽 건물이 공격을 받자 예방 훈련을 한 대로 질서 있게 건물을 빠져나갔다. 남쪽 건물이 공격받을 때 모건스탠리의 사무실은 텅 비어 있었다.

나는 강의가 없는 날에는 주로 긍정심리 상담을 한다. 내게 상담을 요청한 내담자 대부분은 이미 심리 상담을 받았던 경험이 있는 사람들이다. 그중에는 2~3년 동안 상담을 받아온 내담자도 있고, 자신의 심리 증상을 치료하기 위해 수년간 상담을 공부한 내담자도 있다. 그런데 상담하다 보니 이들은 한결같이 과거에 얽매여 있으며, 모든 문제를 과거에서 찾고 해결하려 한다는 사실을 발견했다. 한 여성은 초등학생 때 겪은 사건 때문에 50대 중반까지 심리적 고통을 겪고 있었다. 안타까운 일이 아닐 수 없다.

물론 문제를 해결하는 과정에서 과거로부터 그 원인을 찾을 수 있다. 하지만 자꾸 과거를 돌아보는 일보다 중요한 것은 현재의 내 모습에서 긍정적인 자원을 찾아 새로운 행복을 만들어내고, 과거의 나와는 또 다른 미래의 나를 발견함으로써 자신을 계속 성장시킬 수 있어야 한다는 것이다.

은퇴를 앞둔 혹은 이미 은퇴한 사람들이 빠지곤 하는 치명적인 함정은 과거라는 이름의 늪이다. 후반전을 준비하고 설계해야 하는데 시도 때도 없이 전반전의 기억이 되살아난다.

"그때 그런 판단을 내리지만 않았어도 그토록 쓰라린 실패를 겪지는 않았을 텐데."

"좀 더 신중하게 선택했더라면 그 좋은 기회가 내게 왔을지도 모르는데."

"지금 내가 이렇게 어려움을 겪는 건 순전히 10년 전 그 일 때문이야."

"내가 대기업에서 이사까지 지낸 사람인데 은퇴했다고 아무 일이나 할 수는 없지."

"수입이 끊겼다고 해서 고급 아파트에 살던 사람이 변두리 좁은 집에서 살 수가 있나."

"한때는 내가 벤츠를 두 대씩이나 몰고 다니던 사람이라고."

우리는 자신의 과거를 들춰보면서 단점이나 약점, 미련이 남거나 후회스러운 면을 끄집어내 이를 고치려 애쓰는 일을 삼가야 한다. 노력해도 잘 고쳐지지 않을뿐더러 자괴감만 더할 수 있다. 또한 자신의 과거를 돌아보면서 가장 좋았던 때나 잘나갔던 시절, 전성기 때의 직함이나 지위에 연연해 스스로를 옭아매서도 안 된다. 현실감 없는 꼰대라는 소리를 듣기 십상이다.

과거란 다시는 돌아오지 않는 흘러간 강물이다. 내 인생의 화양연화(花樣年華)는 아직 오지 않았다. 50대에 가져야 할 분명한 삶의 태도는 자신의 강점과 미덕을 발견해 계발하면서 이를 최대한 발휘할 수 있는 새로운 일을 찾아내고, 스스로 격려하고 힘을 북돋우면서 즐겁게 매진하는 것이다. 이런 태도를 장착하는 것이 혹시라도 미래에 닥칠지 모를 불행과 불운을 막을 수 있는 최고의 예방이다.

무엇을 준비하고,
무엇을 예방할 것인가

　인생 후반전을 만족스럽고 행복하게 살려면, 은퇴 이후 찾아올 수 있는 고통이나 비극을 막으려면, 무엇을 준비하고 무엇을 예방해야 할까?

　돈과 건강 외에도 손가락으로 꼽아야 할 것이 많다. 부부 문제는 더없이 중요하다. 은퇴 후 남편과 아내가 함께하는 시간이 많아지면서 갈등을 겪다가 황혼 이혼으로 치닫는 사례가 남의 집 일만은 아니다. 자녀 문제 또한 만만찮다. 성인이 된 자녀의 건강한 독립과 정서적 분리도 쉬운 일이 아니다. 나이에 맞는 재취업이나 적절한 경제활동, 사회적 관계, 취미 생활과 봉사 활동 등 점검해야 할 일이 한둘이 아니다.

　그러나 무엇보다 중요한 것은 내 삶의 목적과 의미를 다시 설정하는 일이다. 전반전을 어떻게 살아왔는지 깊이 성찰해보고, 후반전을 더욱 가치 있고 보람 있게 살려면 어떻게 해야 할지를 구체적으로 그려봐야 한다. 긍정심리학의 용어로 표현하자면 인생 후반전은 플로리시한 삶이 되어야 한다. 나의 강점을 발휘해 존재 가치를 드높임으로써 자신은 물론 주변을 행복하게 만드는 플로리시한 삶을 살아야 한다는 말이다.

플로리시한 삶을 위해서는 다음의 여섯 가지 요소를 갖추어야 한다.

첫째, 긍정 정서(positive emotion)다. 긍정 정서는 우리가 느끼고 생각하고 표현하고 행동하는 것, 곧 사랑, 기쁨, 희열, 평안, 감사, 용서, 자신감, 신념, 낙관성 등을 말한다. 이 같은 정서를 계속해서 끌어내는 삶을 '즐거운 삶'이라고 한다. 긍정 정서는 시간이나 환경이 바뀌어도 계속해서 나타나는 특성이 있다. 긍정 정서 경험은 기분을 좋게 만들어주고, 기분이 좋으면 머리가 맑아지면서 아이디어가 많이 떠올라 창의성이 향상되고, 자발성과 수용성이 증진된다. 긍정 정서의 확장은 선순환을 일으켜 끊임없이 확산함으로써 개인과 조직에 긍정적인 변화를 가져온다.

둘째, 몰입(engagement)이다. 몰입은 어떤 활동에 깊이 빠져 시간이나 공간, 타인의 존재, 심지어 자신에 관한 생각까지도 상실한 심리 상태로, 현재 하는 일에 심취한 무아지경 상태를 말한다. 이때의 느낌은 마치 하늘을 자유롭게 나는 듯 편안하다. 이렇게 몰입하는 삶을 '만족하는 삶'이라 한다.

몰입은 미국의 긍정심리학자 미하이 칙센트미하이(Mihaly Csikszentmihalyi)가 체계화한 것으로, 명확한 목표 설정과 즉각적인 피드백 그리고 과제와 능력 사이의 균형을 통해 몰입을 경험함으로써 평범한 사람이 비범한 능력을 발휘할 수 있게 도와준다. 몰입도가 높을 때는 만족도가 증가하고 창의성과 학습 능력이 상승하며, 또한 자발적으로 조직에 충성하게 하여 조직 성과를 높여준다.

셋째, 관계(relationship)다. 가장 행복한 사람과 성공한 사람의 특징은 폭넓은 인간관계다. 마지막으로 큰 소리로 웃었던 때가 언제인가? 말할 수 없이 기뻤던 순간은 언제인가? 내 삶에서 절정이었던 순간을 떠올려보자. 그 모든 순간은 나 홀로 있을 때가 아니라 누군가와 함께했던 때일 것이다. 이렇게 타인과 함께하는 삶을 '좋은 삶'이라고 한다.

인류의 두개골은 50만 년 전과 비교할 때 두 배 이상 커졌다. 영국의 심리학자이자 신경과학자인 니컬러스 험프리(Nicholas Humphrey)의 설명에 따르면 커다란 두뇌는 사회적 문제를 해결해준다. 여러 사람과 대화하거나 상담할 때 어떻게 하면 A의 주장을 기분 나쁘지 않게 반박하고, B가 불쾌하지 않게 잘못을 지적하며, C가 자신의 오류를 순순히 인정할 수 있도록 설득할 것인가는 극히 어려운 문제다. 인간은 매일 이런 복잡한 사회적 문제를 해결하며 살아간다. 인간의 뇌는 진화를 거듭하면서 조화롭고 효과적인 인간관계를 고안하고 실행해왔다. 뇌가 커질 수밖에 없었던 것이다.

넷째, 의미(meaning)다. 삶의 의미가 행복에 어떤 영향을 줄까?

셀리그만은 수천 명을 대상으로 무엇을 추구했을 때 삶이 가장 만족스러웠는지를 조사했다. 결과는 놀라웠다. 쾌락의 추구, 긍정 감정의 추구, 즐거운 삶의 추구 등이 아니었다. 의미의 추구가 가장 중요한 역할을 한 것으로 나타났다. 그는 이런 결과가 나오자 처음에는 믿지 않았다. 하지만 여러 번 반복해서 조사해도 결과는 마찬가지였다. 사실을 인정하지 않을 수 없었다.

홀로코스트 당시 나치 수용소에서 살아남을 확률은 28명 가운데 한 명이 채 되지 않았다. 그런데 살아남은 이들에게는 공통점이 있었다. 살아야 할 분명한 이유나 삶의 의미를 간직한 사람들이었다. 『죽음의 수용소에서』의 저자인 빅터 프랭클(Victor Frankl) 역시 그중 한 사람이었다. 그는 학생들을 가르치고 학회에서 강연하던 성공한 정신과 의사였지만, 수용소에서는 다음 끼니를 걱정하며 살아남는 게 삶의 전부였다. 만약 그가 삶의 의미를 찾지 못했다면 희망을 포기한 다른 죄수들처럼 무기력하게 사라지고 말았을 것이다. 이처럼 인생의 의미와 목적을 추구하는 삶을 '의미 있는 삶'이라고 한다.

다섯째, 성취(accomplishment)다. 성취란 성공, 승리, 정복 등 목적한 바를 이루는 것을 가리킨다. 사람들은 오직 이기기 위해서나 더 많이 소유하기 위해서만이 아닌 그 자체가 좋아서 무언가를 추구하기도 한다. 일시적인 상태로는 업적이며 확장된 형태로는 성취다. 성취를 위해 업적에 전념하는 삶을 '성취하는 삶'이라고 한다. 성취하는 삶을 사는 사람들은 자신이 하는 일에 자주 몰두하고 종종 즐거움을 추구하며, 승리할 경우 긍정 정서를 느끼고, 더 중요한 것을 얻기 위해 승리하기도 한다.

지금까지 성취 공식은 '성취=기술×노력'이었다. 기술은 대부분 지능의 속도와 느림, 학습 속도에 의한 인지적 지능이며, 노력은 투자한 시간을 말한다. 그래서 1만 시간의 법칙이 설득력을 얻었다. 그러나 긍정심리학이 밝혀낸 놀라운 사실은 노력의 자리에 성격 특질인 자기통제력과 집념(끈기, 열정)이 들어간다는 것이다. 이 집념을 '그릿(GRIT)'이라고 한다. 그릿이란 장기적 목표를 달성하기 위한 끈기와 열정의 결합체다.

여섯째, 성격 강점(character strength)이다. 성격 강점은 개인의 성격적·심리적 특성으로 여기에서 특성은 긍정적 특성과 부정적 특성으로 나뉘는데, 그중 긍정적 특성을 가리킨다.

성격 강점은 변하지 않으려는 속성이 있지만, 학습과 환경에 의해 바뀔 수 있다. 성격 강점은 6가지 미덕과 24가지 강점으로 이루어진다. 6가지 미덕이란 더 나은 삶을 위해 지식을 습득하고 활용하는 것과 관련된 인지적 강점인 지혜와 지식, 어떠한 난관에 직면하더라도 목표를 성취하려는 의지를 실천하는 정서적 강점인 용기, 사람을 보살피고 친밀해지는 것과 관련된 대인 관계 강점인 사랑과 인간애, 개인과 집단 간 상호 작용을 건강하게 만드는 공동체 생활과 관련된 사회적 강점인 정의감, 지나침으로부터 보호해주는 긍정 특성으로 독단에 빠지지 않고 무절제를 막아주는 중용적 강점인 절제력, 현상과 행위에 대해 의미를 부여하고 커다란 세계인 우주와의 연결성을 추구하는 초월적 또는 영성 강점인 영성과 초월성이다. 이들 성격 강점에는 도덕적 개념과 선한 품성의 개념이 포함되어 있다.

이 핵심 요소를 각 단어의 머리글자를 따서 '팔마스(PERMAS, 영원·영속이라는 뜻)'라고 한다. 팔마스를 모두 합하면 포괄적인 웰빙 지수를 얻을 수 있다. 어느 한 가지가 웰빙을 만든다고 단정할 수 없지만, 모두가 웰빙에 기여하는 것은 분명하며, 누구나 배울 수 있고 측정도 가능하다. 긍정심리학의 궁극적인 목표는 팔마스를 통해 플로리시를 증가시키는 것이다.

많은 사람이 행복은 조건이라고 말한다. 그래서 조건을 찾기 위해 혹은 자신을 조건에 맞추기 위해 오로지 앞만 보고 달린다. 하지만 도중에 막다른 길이나 끝없이 펼쳐진 망망대해 같은 길을 만나면 절망하거나 지쳐 포기하고 만다. 그때부터 자신은 불행하다고 생각한다.

그러나 행복은 마냥 앉아서 기다리는 것도, 끝없이 찾아 헤매는 것도, 누군가 불쑥 가져다주는 것도 아니다. 행복은 스스로 만들려고 노력할 때만 얻을 수 있다. 막연한 기대나 맹목적인 집착, 완벽의 추구로 만들어지는 것도 아니다. 노력과 실천을 통해 만들어지는 것이 바로 행복이다. 사람은 누구나 행복할 수 있는 자신만의 내재적 능력을 소유하고 있다. 꾸준히 준비하고 예방하면 얼마든지 팔마스를 갖춰 플로리시를 증가시킬 수 있다.

진정한 변화는
시작이 아닌 끝냄

우리는 과거보다 더 나은 현재를, 현재보다 더 나은 미래를 원한다. 그래서 자꾸 뭔가를 바꾸고 새로운 것을 시도한다. 50대 에게도 피해갈 수 없는 과정이다. 이것을 '변화'라고 한다. 지금 까지 살면서 변화를 통해 자신이 원하는 것을 이룰 수도 있었다. 하지만 대부분 실패했을 것이다. 왜 그럴까? 일반적으로 변화는 외적 조건과 상황만을 중시하기 때문이다.

세계적인 심리학자이며 변화 전문가인 윌리엄 브리지스 (William Bridges)는 자신의 책 『변환 관리』에서 원하는 것을 이루 기 위해서는 일반적인 변화가 아닌 진정한 변화, 즉 '변환'을 추 구해야 한다고 말한다. 변화는 조건, 환경 등의 외적 상황이며, 변환은 슬픔, 불안 등의 내적 심리라는 것이다. 변환은 끝냄, 중 립지대, 시작의 3단계로 구분된다. 이 3단계가 제대로 이루어지 지 않으면 개인이든 조직이든 원하는 결과를 얻을 수 없다.

대표적인 예가 이탈리아의 세계적 브랜드인 베네통(Benetton)의 기업 인수 실패 사례다. 베네통은 파격적인 디자인과 화려한 색상으로 이름난 의류 브랜드다. 1999년 베네통 경영진은 사업 다각화를 위해 세계적인 수준의 몇몇 스포츠 용품 제조업체와 합병했다. 회사를 사들이면 그 회사의 고객들이 베네통의 옷을 구매할 것이라는 계산에서였다. 베네통이라는 세계적 브랜드의 일원이 된 것을 모든 사람이 반기리라 기대했다. 이에 따라 80%에 이르는 직원들을 해고했고, 지방에 있는 허름한 건물에서 근무하던 직원들은 화려한 본사로 옮겨주면서 연봉을 올려주기도 했다.

하지만 경영진이 원하는 성과는 나타나지 않았다. 이전까지 흑자만 내던 베네통은 3,500만 달러라는 큰 적자를 내면서 합병은 실패하고 만다. 직원들은 오랫동안 함께한 동료들과 그들만의 정서적 휴식 공간을 한순간에 모두 잃었다. 익숙하고 즐거웠던 직장 생활이 갑작스러운 합병으로 낯설고 불안하게 바뀌었고, 그 결과는 적자로 이어진 것이다. 외적 현상만을 중시하다가 변화에 따른 내적 심리와 상실의 슬픔을 달래고 낯선 환경으로 인한 불안을 해소할 중립지대를 간과한 탓이다.

변화는 시작에서 출발한다. 반대로 변환은 끝냄에서 시작한다. 끝냄은 익숙하거나 소유했던 것들과의 이별, 즉 상실이다. 여기에는 슬픔과 우울감이 따른다. 시작은 낯선 것과의 만남이다. 여기에는 불안과 두려움이 따른다. 익숙한 작별의 슬픔을 치유하고, 낯선 만남의 불안을 최소화하기 위해서는 중립지대가 필요하다. 50대의 10년이 바로 이 중립지대다. 중립지대는 준비하는 기간이다. 불안한 노후와 설레는 노후를 가르는 기준은 이 중립지대를 잘 활용하는가에 달렸다. 중립지대를 간과한 많은 50대가 퇴직 후 우울증, 불안증, 분노, 죄책감, 후회, 외로움 등으로 어려움을 겪는다. 세상에는 완벽한 것도, 영원한 것도 없다. 그래서 노후 준비를 잘한 사람이나 그렇지 못한 사람 모두에게 중립지대가 필요한 것이다.

어쩌면 50대가 가장 많이 고민하는 것 중 하나가 퇴직 후에 무엇을 할 것인가 하는 문제일 것이다. 환경에 따라 다를 수 있지만, 인생 후반전을 여행, 취미, 휴식, 만남 등으로 즐기며 살 수만은 없다. 나를 위해, 이웃과 사회를 위해 무언가를 기여하고 생산할 수 있는 긍정적 활동을 해야 한다. 무엇을 하든 그 준비는 50대에 해야 한다. 중립지대에서 준비하라는 것이다. 가능하면 전반전에 열정을 쏟아부었던 경력이나 특기를 살릴 수 있는 일이면 더 좋다.

하지만 경력에 따라 차이가 나듯 조직체 안에 있던 나와 조직체 밖에 있는 나는 다르다. 조직 안에서는 내 전문성과 능력을 발휘할 수 있지만, 조직에서 벗어나서는 그것을 살리기가 쉽지 않을 수 있다. 이때는 자신이 가장 잘하고 좋아하는 것이 무엇인지 찾아봐야 한다. 내가 무엇을 가장 잘할 수 있고 좋아하는지 모른다면, 내 성격 강점 중 대표 강점을 다섯 개만 찾아보도록 하자. 성격 강점이란 자신이 지닌 긍정적 성격 특성을 말한다. 대표 강점을 들여다보면 내가 가장 좋아하고 잘하는 일이 무엇인지 알 수 있다. 이때 반드시 기억해야 할 것은 성과가 큰 만큼 위험부담이 많은 일보다는 성과가 조금 작더라도 위험부담이 적은 일을 선택해야 한다는 것이다.

일찌감치 초고령 사회로 접어든 일본에서는 은퇴 후 인생 후반전을 살아가는 남성들의 낮은 행복 지수가 해결하기 어려운 사회적 난제가 된 지 오래다. 젊음을 다 바쳐 개미처럼 일에 몰두하던 사람들이 퇴직한 뒤에 남은 수십 년을 어떻게 살아야 할지 알지 못해 혼란스러워하고 방황하는 것이다. 자존감이 땅에 떨어지면서 행복 지수가 곤두박질쳤다.

고령화 속도가 빠른 우리나라도 마찬가지다. 현역으로 일할 때는 패기만만하던 사람이 은퇴한 뒤 의기소침해지고 사람 만나는 것을 꺼리며, 은둔형으로 변해가는 모습을 어렵지 않게 볼 수 있다. 직장에서의 은퇴를 마치 인생에서의 퇴장처럼 여기는 까닭이다. 직장인이든 사업가든 언젠가 일정한 나이가 되면 일선에서 물러날 수밖에 없다. 그 이후 어떻게 살 것인가, 무엇을 하며 살 것인가를 촘촘하게 설계하고 이를 위한 준비와 예방을 해야 한다.

내 강의를 들었던 K씨는 대기업 간부로 근무하다가 60세에 정년퇴직했다. 그때까지 그녀에게는 직장이 전부였고, 임원으로서의 책임감이 투철했으며 자부심 또한 강했다. 퇴직이 다가오면서 30년 동안 몸담았던 곳을 떠나려니 수시로 상실감과 불안감이 밀려왔다. 그녀는 퇴직하기 몇 년 전부터 퇴근 후 회사 근처에 있는 학원에 다니며 서예와 수묵화를 배웠다. 회사에서는 막중한 역할을 맡아야 했고 가정사 역시 복잡했지만, 퇴직 이후를 염두에 두고 하루도 빠짐없이 수업에 참여했다. 그에 대한 보답일까? K씨는 예정대로 퇴직했으나 이후 서예 작가로서 활동하며 자신의 작품으로 전시회도 열고 학원에서 학생들을 가르치기도 하며 분주한 나날을 보내고 있다. 걱정했던 우울감이나 불안감을 느낄 틈조차 없는 행복한 일상이다. 중립지대에 있을 때 취미를 활용하여 멋지게 노후 준비를 한 사례다.

나 역시 58세에 내가 가장 좋아하고 잘하는 분야인 상담심리학을 공부하기 위해 석사 과정부터 다시 시작했다. 이미 경영학 박사 학위가 있었고 많은 강의와 상담을 진행하고 있었지만, 70세, 나아가 80세까지도 일하기 위해서는 좀 더 확실한 도구가 필요하다고 생각했다. 그 결과 예순이 훨씬 넘은 나이에도 아직 내담자들의 심리 상담을 하고 있고, 한국육군발전자문위원으로서 안전 자문을 하고 있으며(심리 상담, 자살 예방, 회복력 관련), 육해공군 군종장교들에게 회복력 교육과 훈련, 상담 코칭을 하고 있다.

일이라는 것이 내가 하고 싶다고 할 수 있는 게 아니다. 나를 필요로 하는 곳이 있어야 한다. 따라서 나는 언젠가 또 다른 변화를 시도할 생각을 하고 있다. 75세까지는 지금처럼 강의와 상담을 병행하다가 그 이후에 강의는 계속하되 상담은 각 지역에 있는 공공기관을 찾아 자원봉사를 하려고 한다. 요즘은 노인들을 대상으로 자원봉사를 하기 위해 별도의 자격증을 따려고 공부하는 중이다.

50대 이후 정말 중요한 것은 정신적인 문제, 즉 정서적·심리적 만족과 안정이다. 은퇴 준비 혹은 노후 대책에 관해 고민하면서 현실적인 문제에만 몰두하다가 정신적인 문제를 소홀히 여기면 외로움과 고립감을 맞닥뜨릴 수 있다. 인생 후반전을 플로리시하게 살기 위해서는 앞서 이야기한 팔마스를 갖추어 '즐거운 삶', '만족하는 삶', '좋은 삶', '의미 있는 삶', '성취하는 삶'을 살기 위해 노력해야 하고, 내 후반전의 시간표를 이에 맞추어야 한다. 활력 넘치고 행복한 노년은 뜻밖의 행운이나 운명처럼 찾아오는 것이 아니라 나 자신이 결정하는 것이다.

Q 현재 나에게 가장 중요한 것은 무엇인가?

Q 인생 후반전의 행복을 위해 나에게 가장 필요한 것은 무엇인가?

▶ '포다이스(Fordyce)의 행복 지수 진단법'으로 나의 행복 지수를 측정해보자.

당신은 스스로 얼마나 행복하고 얼마나 불행하다고 느끼는가? 평소에 느끼는 행복의 정도를 가장 잘 설명하는 항목 하나를 골라 'V' 표시를 해보자.

☐ [10점] 극도로 행복하다(말할 수 없이 황홀하고 기쁜 느낌)

☐ [9점] 아주 행복하다(상당히 기분이 좋고 의기양양한 느낌)

☐ [8점] 꽤 행복하다(의욕이 솟고 기분이 좋은 느낌)

☐ [7점] 조금 행복하다(다소 기분이 좋고 활기찬 느낌)

☐ [6점] 행복한 편이다(여느 때보다 약간 기분 좋은 느낌)

☐ [5점] 보통이다(특별히 행복하지도 불행하지도 않은 느낌)

☐ [4점] 약간 불행한 편이다(여느 때보다 약간 우울한 느낌)

☐ [3점] 조금 불행하다(다소 가라앉은 느낌)

☐ [2점] 꽤 불행하다(우울하고 기운이 없는 느낌)

□ [1점] 매우 불행하다(대단히 우울하고 의욕이 없는 느낌)

□ [0점] 극도로 불행하다(우울증이 극심하고 의욕이 전혀 없는 느낌)

이제 당신의 감정에 대해 더 생각해보자. 평균적으로 당신은 하루 중 몇 퍼센트의 시간을 행복하다고 느끼는가? 또 몇 퍼센트의 시간을 불행하다고 느끼는가? 행복하지도 불행하지도 않은 중립적인 시간은 어느 정도인가? 측정한 시간의 정도를 아래 빈칸에 퍼센트로 적어보자. 이때 세 항목의 합계가 100%가 되어야 한다.

행복하다고 느끼는 시간 _____%

불행하다고 느끼는 시간 _____%

보통이라고 느끼는 시간 _____%

참고로 이 검사를 받은 미국 성인 3,050명의 평균 점수는 10점 만점에 6.92점이었으며, 행복한 시간 54%, 불행한 시간 20%, 보통의 시간 26%로 나타났다.

Part 2

부정 정서에서
벗어나는 것이 먼저다

분노

•

누구를 향해 화가 나는 걸까?

정서(emotion)는 개인이 어떤 일을 경험하거나 자신이 추구하는 목표와 관련된 사건을 접했을 때의 의식적 혹은 무의식적 평가로 인해 유발된다. 모든 정서는 감정, 감각, 생각, 행동의 네 가지 요소로 구성되어 있다. 정서는 감정이나 감각에 국한되지 않고 삶 깊숙한 곳에서 생각과 행동에도 큰 영향을 미치기 때문에 삶을 행복하게도 불행하게도 만들 수 있다.

많은 사람이 정서와 감정을 동일시한다. 그렇지만 이 둘은 엄격히 구분되는 개념이다. 감정은 '기쁘다', '화나다'와 같은 순간적으로 일어나는 마음의 상태이고, 정서는 '뿌듯하고 만족스러운', '어둡고 침울한'과 같은 계속해서 일관되게 나타나는 마음의 상태를 말한다.

정서는 크게 부정 정서와 긍정 정서로 나눌 수 있다. 긍정 정서는 기쁨, 쾌락, 만족, 희망, 사랑 등이고, 부정 정서는 공포, 불안, 분노, 우울, 슬픔 등이다. 흔히 긍정 정서는 좋은 것, 부정 정서는 나쁜 것으로 이해하고 무조건 부정 정서를 배척하려는 사람이 많다. 하지만 부정 정서가 꼭 나쁜 것만은 아니다. 부정 정서는 외부의 위협에 대응하는 1차 방어선이다. 공포는 위험이 잠복해 있다는 신호이고, 비애는 무언가를 잃고 있다는 신호이며, 분노는 누군가가 내 영역에 침범하고 있다는 신호다. 위험, 상실, 침범 등은 생존을 위협하는 것들이다. 이에 대한 부정 정서는 우리가 현실을 직시하게 하고 정직성을 유지할 수 있게 해준다.

행복하기 위해서는 당연히 긍정 정서가 필요하다. 그러나 긍정 정서를 높이려면 동시에 부정 정서를 줄여야 하기에 부정 정서에 대해서도 알아야 한다. 과거 심리학은 가장 우울하거나 불안하거나 화를 잘 내는 사람들을 관찰했다. 그런데 긍정심리학은 정반대로 가장 기쁘고 만족하고 행복한 사람들을 관찰한다.

긍정심리학의 목표는 부정 정서를 완전히 없애는 것이 아니다. 부적절하거나 무익한 부정 정서를 줄이는 것이다. 부정 정서가 승자와 패자를 가리는 제로섬게임을 하고 있음을 알려주며 '여기 물리칠 적이 있다'는 경고 신호를 보내는 감각계라면, 긍정 정서는 이제 곧 윈윈 게임이 시작될 것이라는 신호를 보내며 '여기 발전할 기회가 있다'는 대형 네온사인을 밝혀주는 감각계이기 때문이다.

부정 정서 중 부적절하거나 무익한 대표적인 정서는 분노다.

어떤 이유로든 분노가 일어나면 상당수 사람이 평소와 다른 위압적인 행동을 하게 된다. 얼굴을 붉히며 험한 말을 하기도, 자신을 통제하지 못해 폭력을 저지르기도 한다. 또한 상대를 비난하거나 자신의 처지를 비관하다 보면 지치고 우울해지며, 삶에 대한 의욕조차 떨어지게 된다. 이 같은 분노는 부정적인 결과를 낳고 만다. 분노의 대상이 된 사람들과 관계가 안 좋아질 수밖에 없다. 자신의 일상생활에 악영향을 미칠 뿐 아니라 주변 사람들을 불행하게 만들기도 한다.

몇 년 전 80세가 넘은 노모를 살해한 50대 여성에 대한 뉴스가 보도되어 사람들을 경악하게 했다. 그녀는 이혼하고 어머니와 남동생이 함께 사는 집에 얹혀살았다. 이혼한 중년 여성이 늙은 어머니와 미혼의 남동생에게 신세를 져야 했으니 그 심정이야 오죽했겠는가. 아마 어머니의 곱지 않은 시선과 구박이 시도 때도 없이 이어졌을 것이다. 그러던 어느 날 남동생이 집을 비운 때에 어머니는 그녀에게 견딜 수 없는 모욕을 줬다.

"네 동생이 아직 결혼도 못 하고 저렇게 사는 건 네가 이 집에 함께 살고 있기 때문이야!"

참고 지내던 그녀의 감정이 폭발하고 말았다. 이어지는 어머니의 심한 욕설에 분노가 치솟았다. 이성을 상실한 그녀는 어머니에게 달려들어 목을 졸랐다. 정신을 차려보니 어머니는 이미 숨이 끊어진 상태였다. 순간적인 화를 참지 못해 씻을 수 없는 패륜을 범한 것이다.

이 같은 극단적 사례가 아니더라도 분노를 참지 못해 일을 그르치는 경우는 다반사다. 층간 소음 때문에 이웃끼리 싸움이 벌어지는 일은 새삼스럽지도 않을 만큼 흔한 일이 됐다. 운전대만 잡으면 사소한 일에도 화를 내며 난폭해지는 사람도 있다. 방향 지시등을 켜고 차로를 변경하려 하면 뒤차가 갑자기 속력을 내며 따라붙는다. 경적을 울리거나 전조등을 깜빡거리기도 한다. 조금이라도 마음에 들지 않으면 창문을 내리고 상대 운전자에게 욕설을 퍼붓는다. 그러고도 화를 참지 못하는 사람은 보복 운전을 하거나, 폭력을 행사하기도 한다. 이처럼 분노는 누군가에게 자신의 권리를 침해당했다는 인식에서 유발되는 감정이다.

어쩌다 우리 사회가 이토록 분노로 들끓게 된 것일까? 학자들은 사회가 고도화되고 빈부 격차가 커진 데 반해 개인의 사회 적응 능력이 약화하면서 발생하는 자괴감과 분노가 일탈로 이어진다고 설명한다. 물론 이런 사회적 영향도 있지만, 근본적 원인은 인성에 있다. 끈기, 사랑, 친절, 용서, 겸손, 신중성, 자기통제력, 감사 등이 부족하기 때문이다.

50대는 분노에 약한 세대다. 신체적으로 갱년기를 겪고 사회적으로 은퇴를 맞으면서 심리적으로 나약해진 탓이다. 상대방의 별것 아닌 한마디에도 발끈하기 일쑤다. 공자는 『논어』에서 자신이 마흔에는 불혹(不惑), 오십에는 지천명(知天命), 예순에는 이순(耳順)에 이르렀다고 했다. 시대가 다르고 인품의 경지가 다르겠지만, 지금의 50대는 흔들리지 않는 나이도, 사물의 이치를 온전히 깨달아 아는 나이도, 무슨 말을 들어도 무심히 흘려보낼 수 있는 나이도 아니다. 소심하고 여려서 쉽게 상처받고 분노가 솟아오르는 나이다.

그렇다고 억지로 화를 참는 것은 그다지 좋은 방법이 아니다. 분노를 꾹꾹 누르기만 하면 스트레스가 되어 다른 부작용이 나타날 우려도 있고, 우울감이나 불안감 등으로 표출될 수도 있다.

미국의 저명한 교육심리학자인 미셸 보르바(Michele Borba)는 분노처럼 참기 힘든 부정 정서를 줄이기 위해 다음과 같은 방법으로 충동을 통제할 수 있는 능력을 키울 것을 제안한 바 있다.

- 멈추기: 다시 참을 수 있는 상태로 돌아갈 때까지 움직이지 않고 멈춘다.
- 숨 참기: 가능한 한 오래 숨을 참는다. 그런 다음 긴 심호흡을 몇 번 시도한다.
- 숫자 세기: 1부터 15까지 천천히 숫자를 센다.
- 노래하기: 가장 잘 부르는 노래를 선택한 다음 몇 구절을 부른다.
- 시계 보기: 시계를 보며 초를 잰다.
- 'STAR' 사용하기: 멈추고 생각해서 올바르게 행동한다.

여기서 'STAR'란 'stop, think, act right'의 머리글자를 딴 단어다. 멈췄을 때 자기 자신에게 어떤 말을 할지를 알면 충동적 욕구가 억제된다는 연구 결과가 있다.

다른 방법도 있다. 정신건강의학과 전문의인 조장원 원장은 자신의 책 『나를 지키는 심리학』에서 화가 났을 때 그것을 표현하는 세 가지 성숙한 태도에 대해 소개한다. 첫째는 글로 쓰는 것이다. 내가 느낀 감정부터 상대방에게 하고 싶은 말까지 글로 적다 보면 내 안의 분노를 확인하고 화를 억압하지 않게 된다. 둘째는 내가 왜 화가 났는지 그 이유와 상황을 명확하게 이해하는 것이다. 셋째는 상대와의 관계를 생각하는 것이다. 내가 화가 난 이유가 과거로부터 이어진 나쁜 관계 때문은 아닌지 돌아볼 것을 조언한다.

화를 잘 내는 사람은 항상 그 원인의 화살을 상대방에게 돌린다. 하지만 분노가 조절되지 않는 것은 상대가 나를 화나게 했기 때문이 아니라 내 마음이 충분히 단련되지 않았기 때문이다.

우울

•

혼자 있으면 괜히 눈물이 날 때

미주 씨는 공인중개사로 활발하게 사회생활을 하던 사람이다. 그러던 그녀에게 뜻하지 않은 불행이 찾아왔다. 45세에 유방암 진단을 받은 것이다. 그럼에도 평소 자신만만하게 살아온 그녀는 충분히 암을 이겨낼 수 있다고 확신했다. 1년간 치료하고 유방 절제 수술도 받았다. 그런데 3년 후 암세포가 자궁으로 전이되어 또다시 수술을 받아야 했다. 그녀는 두 번째 시련도 거뜬히 이겨냈다. 하지만 5년 후 뇌에 종양이 생겨 다시 수술대에 오르게 되자 미주 씨는 이제 자신감이 떨어지고 지치기 시작했다. 어느덧 50대 중반의 나이로 접어들고 있었다. 설상가상으로 가장 의지하고 사랑하던 큰오빠가 교통사고로 갑자기 세상을 떠났다. 그동안은 그녀 자신에게 닥친 역경들로 힘겹기는 했어도 이겨낼 수 있다는 강한 믿음과 신념으로 버텨왔는데, 이번만큼은 스스로 추스를 기운이 없었다.

"어느 순간부터 자신감이 사라졌어요. 일상적인 문제 해결 능력에 대한 믿음이 무너지니까 무슨 일이든 그저 허무하기만 해요. 자꾸 한숨만 나오고 아무 때나 눈물이 흘러내려요."

미주 씨는 나와 상담하면서 이렇게 토로했다. 시간이 흐를수록 그녀의 일상은 점점 더 우울과 불안 속으로 빠져들었다. 그런 와중에 남편 형제 사이에서 금전적 갈등이 벌어져 수천만 원에 해당하는 가압류 명령까지 받게 되어 문제가 가중됐다. 하루에도 수차례 심리적, 신체적 이상 증상이 나타났다. 그녀는 자신이 이렇게 된 것은 모두 자기 잘못이고 자신은 아무것도 해결할 수 없는 무능한 사람이며, 삶 자체가 무의미하고 무가치하다고 여겼다.

자살 가능성이 있는 사람은 현재 자신이 겪는 불행이 영원하리라고, 자신은 어떤 일을 하더라도 불행할 것이라고 확신한다. 그리고 그 고통을 끝낼 방법은 죽는 길밖에 없다고 생각한다. 부정 정서의 노예가 되는 것이다. 우울증과 자살을 예방하기 위해서는 자신의 삶에 대한 설명양식을 비관적 양식에서 낙관적 양식으로 바꿔야만 한다.

나는 긍정심리 치료와 낙관성 학습, 회복력 기술로 그녀가 무기력과 우울증을 극복할 수 있도록 상담을 진행했다. 미주 씨는 최선을 다해 치료와 상담에 임했다. 그 결과 미주 씨는 모든 일이 자기 탓은 아니고, 자신이 살아온 과정은 의미 있고 가치 있으며, 현재 상황은 극복할 수 있는 일시적인 어려움일 뿐 삶의 일부에 불과하다는 믿음을 가지게 됐다. 그 후 미주 씨는 무기력이 사라지고 자기 효능감이 높아지면서 우울과 분노 지수가 감소해 예전의 활기찬 모습을 회복할 수 있었다.

자신의 처지나 사회적 상황에 따라 우울감을 느끼는 것은 자연스럽고 정상적인 감정이다. 우울할 수밖에 없는 현실에서 우울한 감정을 느끼지 않는 것도 정상이라고 할 수는 없다. 의학에서 정의하는 우울증이란 일시적으로 기분이 저하된 상태를 가리키는 게 아니라, 마음과 신체 활동 전반에 걸쳐 정신 기능이 현저히 저하된 상태를 의미한다. 이러한 증상이 거의 매일 나타나는 경우를 일컬어 전문적 치료가 필요한 우울증이라고 한다.

우울증은 영어로 'depression', 즉 '침체'라는 뜻이다. 이 말처럼 우울증에 걸리면 감정, 인지, 생리, 행동, 대인 관계, 사회생활 등 여러 측면에서 침체하는 경향을 보인다. 우울증 환자들은 초기에는 자신의 고통을 줄이려고 노력한다. 타인에게 도움을 요청하거나 정보를 검색해 실천하는 등 문제를 적극적으로 해결하려고 한다.

하지만 우울증이 점차 심각해지고 오랫동안 계속되어 만성화하면 환자들은 점차 치료를 포기하기에 이른다. 이런 상태가 되면 그들은 절대로 다른 사람들은 자신을 도울 수 없고, 도우려 하지도 않을 것이라고 생각한다. 결국에는 아무것도 나아지지 않으리라고 느끼게 된다.

흔히 우울증을 '마음의 감기'라고 표현한다. 그래서인지 대개 우울증을 가볍게 생각한다. 그러나 간단히 앓고 지나가는 감기가 있는가 하면, 호되게 고생하고 간신히 낫는 독감도 있는 법이다. 우울증을 단순히 '마음이 좀 허전한 거겠지' 혹은 '예민해서 다소 울적해진 것뿐이야'라고 생각해서는 안 된다. 우울증은 분명 치료해야 할 질환이자 다스려야 할 심각한 부정 정서다.

50대에는 우울감이 불청객처럼 불쑥불쑥 찾아올 가능성이 크다. 이른바 중년기 우울증이다. 뚜렷한 이유도 없는데 왠지 불안하고, 앞날이 걱정스럽고, 자신이 미워지고, 사는 게 재미가 없어지고, 뭘 해도 흥미가 생기지 않고, 괜히 눈물이 나고, 폭발할 것 같은 느낌이 든다.

"뭐 하나 제대로 이룬 것도 없이 나이만 먹었으니 앞으로 어떻게 살아야 하나?"

"마음은 아직도 20대 청춘 같은데 언제 내가 벌써 은퇴할 나이가 다 됐을까….."

그렇다면 뜻하지 않게 찾아온 우울증에서 벗어나려면 어떻게 하는 것이 좋을까? 먼저 우울증에 빠진 사람의 고통과 죄책감을 경감시켜주고 희망을 북돋아주며, 자신을 해치는 것으로부터 스스로를 보호해줘야 한다. 그리고 우울증의 의미와 원인에 대해 역동적인 방법으로 탐색해 들어가는 일이 필요하다. 내 우울증의 근원에 관한 탐험을 시작하는 것이다.

은퇴해서 출근할 곳이 없다고, 나가봐야 괜히 돈만 쓴다고, 딱히 불러주는 사람이 없다고 종일 집에만 머무는 일은 바람직하지 않다. 대개 실내에 머무는 시간이 길어지면 따분함과 무력감을 느끼고, 이는 폭식과 과식으로 이어져 체중이 늘고, 평소와 달리 비정상적으로 잠을 많이 자게 되면서 우울증이 찾아올 수 있다.

이런 증상들이 나타나면 생활 습관을 바꿔 활기찬 신체리듬을 회복해야 한다. 공원 같은 야외로 자주 외출하고, 햇빛을 많이 쐬는 게 좋다. 적당한 운동으로 땀을 흘리는 것도 권장할 만한 일이다. 하루에 30분 정도라도 밖에서 유산소운동을 하면 스트레스도 풀리고 우울감도 떨쳐지며, 정신적 활기를 되찾을 수 있다.

무엇보다 가족의 전폭적인 지지가 중요하다. 가족은 개인의 사회 문화적 환경 중 질병 발생에 가장 직접적이면서도 일차적으로 영향을 주는 요소다. 가족의 지지는 스트레스나 부적응으로 인한 우울, 불안 등 부정 정서를 경감시키는 역할을 한다. 50대 이후 직장과 가정에서 자신의 역할이 없어졌다는 상실감, 무기력, 사회적 고립 등으로 우울과 고독에 빠진 사람들에게 가족의 지지는 증세를 완화하고 안정을 찾는 데 큰 도움이 된다. 가족의 지지가 높을수록 우울감과 상실감은 상당 부분 예방된다. 몸의 감기는 약을 먹으면 낫지만, 마음의 감기는 관심과 배려와 사랑의 에너지를 받아야만 나을 수 있다.

우리는 자신을 다른 사람과 비교하는 것에 익숙하다. 이만하면 됐다고 만족하다가도 나보다 더 많이 가진 사람을 보면 주눅이 든다. 기대하던 일을 어렵사리 성취해 행복을 느끼다가도 나보다 더 큰 성공을 이룬 사람을 마주하면 우울감과 상실감을 느끼기도 한다. 현역 시절 나보다 못하다고 여겼던 사람이 은퇴 후 사업을 하거나 재취업해서 승승장구하는데, 나는 집에서 텔레비전이나 보며 시간을 보내고 있으니 한심하다는 생각이 들며 우울감에 빠져든다. 친구들이 퇴직하고 부부 동반으로 해외여행을 다니거나 골프를 치러 다니는 것을 보면서 빠듯한 생활비와 자식 교육비를 걱정하느라 여념이 없는 나 자신이 한없이 초라해져 우울해진다.

나이를 먹을수록 다른 사람과 자신을 비교하며 행복을 찾는 사람이 많다. 남들보다 비교 우위에 있으면 행복하고, 그렇지 않으면 불행하다고 생각하는 것이다. 남의 행복은 나의 불행이고, 남의 불행은 나의 행복처럼 느낀다. 이런 태도로 살아가면 내 인생은 언제나 불행하다.

나보다 행복한 사람을 보면 우울증과 열등감을 느끼고 자존감과 자신감이 떨어지지만, 나보다 불행해 보이는 사람에게는 은밀한 샤덴프로이데를 느낀다. '샤덴프로이데(Schadenfreude)'란 독일어로 '남의 불행을 보면서 기쁨을 느끼는 심리'라는 뜻이다. 샤덴프로이데는 건강한 행복이 아니다. 남들이 불행해져야만 행복을 느끼는 것은 진정한 행복이라 할 수 없다. 남과 비교하지 않고 나만의 주체적인 행복을 찾아서 이를 온전히 느끼고 즐기는 것이 건강한 행복이다.

불안

•

나 자신을 믿을 수 없다고 느끼는 순간

"이런 불황에 갑자기 직장을 잃으면 어쩌지?"

"이번 종합검진 때 암 진단이라도 받으면 어떻게 하나?"

"내가 없으면 아이들은 어떻게 될까?"

혹시 아직 일어나지도 않은 일을 걱정하고 불안해한 적이 있는가? 꼭두새벽에 문득 잠에서 깨어나 걱정과 불안으로 뒤척인 적이 있는가? 이런 경험을 한 사람에게 그 이유를 물어보면 대부분 생각이 끊임없이 이어진 탓이라고 대답한다. 직장, 사업, 시험, 결혼, 자녀, 부모님 건강 문제 등 꼬리에 꼬리를 물고 이어지는 생각을 떨칠 수가 없었다는 것이다.

현애 씨는 대학생인 아들과 끝없는 갈등을 겪고 있었다. 남들에게는 별것 아닌 일도 이들 모자에게는 늘 말다툼거리였다. 그녀는 남편이 일찍 세상을 떠난 뒤 홀로 키운 외아들에게 지나칠 정도로 애착을 보였다. 그러다 보니 무심코 지나칠 일이나 듣고 흘려버릴 말도 정색을 하며 예민하게 받아들였다. 아들도 그런 엄마가 점점 부담스러웠다.

"요즘 취업이 어렵다던데 미리 필요한 자격증이라도 따두어야 하는 거 아니니?"

"이상한 여자 만나면 안 된다. 여자 한번 잘못 만나면 인생 끝장나는 거야."

"지난번에 길에서 마주친 네 친구 말이야. 인상이 안 좋더라. 친하게 지내지 마라."

다 큰 자식에게 이런 식으로 간섭하고 다그치면 좋아할 아들이 어디 있겠는가? 그러나 그녀는 아들마저 자신 곁을 일찍 떠나거나 자신에게서 멀어질까 봐 불안한 마음에 매사 아들에게 어린아이 대하듯 하며 참견하고 관여했다. 그러면서도 자꾸만 이상한 상상을 하곤 했다.

"이렇게 아들과 매일 신경전을 벌이고 말다툼하다 보면 아들이 제가 싫어서 집을 나갈 거예요. 그러면 불량스러운 친구들이나 이상한 여자애들도 만나겠죠? 술을 마시고 마약을 하고 나쁜 짓을 할지도 몰라요. 그러다 교도소에 가거나 사고를 당하면 어떻게 하죠?"

현애 씨는 불안해 죽겠다며 울먹였다. 내가 알기로 그녀의 아들은 걱정할 필요가 없는 착실한 대학생이었다. 미래의 일을 최악의 상황으로 가정해 미리 걱정하면서 매일 불안감에 사로잡혀 살아가는 그녀를 보며 참으로 안타까웠다. 남편 없이 홀로 어렵사리 아들을 키우며 힘겹게 하루하루를 살아낸 나머지 그녀를 지배하는 정서가 '불안'이 되고 만 것이다.

불안은 살아가면서 겪는 경험이나 상황에 대해 위협을 느낄 때 나타나는 감정이다. 위협을 느낄 만한 특정한 대상이 없는데도 막연하게 나타나는 불쾌한 정서를 가리킨다.

불안과 공포는 일상생활에서 구분되지 않지만, 정신의학적으로는 서로 다른 개념이다. 일반적으로 공포는 그 대상 또는 상황이 알려져 있고 외부에 있는 명백한 것이지만, 불안은 그 대상 또는 상황이 확실하지 않고 내부로부터 생겨나는 모호한 것이다. 뱀을 보고 소스라치게 놀라거나 높은 곳에 올라 아래를 내려다보면 현기증이 나는 것처럼, 분명한 대상이 있고 상황이 전개된다면 공포이고, 명확히 설명하거나 증거를 댈 수 없는 상황에서 불특정한 대상을 상대로 모호한 신체 증상을 동반한 불편감을 느낀다면 불안이라고 할 수 있다.

하지만 불안에는 부정적인 측면만 있는 게 아니다. 자신 혹은 자신이 중요하게 생각하는 사람이 위험한 상황에 놓였을 때 나타나는 불안 반응은 지극히 정상적이며, 여기에는 위험한 상황에 대처할 적절한 행동을 취하게 만드는 적응 기능도 있다.

그렇지만 실제로 위험에 처한 상황이 아닌데도 불안에 대한 신체 반응이 자주 나타나거나 그 정도가 너무 지나칠 경우, 상황에 대한 적절한 대처가 불가능할 뿐만 아니라 오히려 불안이 더 악화된다. 공황장애는 이 같은 병적 불안의 극단적인 예라고 할 수 있다.

앞서 예를 든 알랭 드 보통은 불안의 원인을 다섯 가지로 파악하고 있다.

첫 번째는 사랑의 결핍이다. 어렸을 때는 부모와 사회로부터 대가 없는 사랑을 받지만, 어른이 되면 사랑에 조건과 대가가 따른다. 능력, 성공, 지위, 명예 등이 필요하며, 이 조건들을 바탕으로 타인과 세상으로부터 관심과 사랑을 확인받는다. 이런 사랑을 받지 못했을 때, 우리는 불안하다.

두 번째는 속물근성이다. 큰 자동차를 타고 비싼 가방을 메는 것은 내 우월한 지위를 확인하고 싶은 속물근성이다. 상대방은 값비싼 것들을 가지고 있는데, 나는 그렇지 못하다면 왠지 불안해진다. 내면 깊숙이 자리한 속물근성은 우리를 불안하게 한다.

세 번째는 기대다. 우리는 나와 조건이 비슷한 타인과 자신을 자꾸만 비교한다. 그 비교를 통해 불안을 느끼게 되는 것이다. 나와 동등하다고 여기는 사람이 나보다 나은 모습을 보일 때 받는 그 느낌이야말로 불안과 울화의 원천이다.

네 번째는 능력주의다. 과학의 시대로 접어들면서 가난은 더 이상 청빈과 도덕이 아니라 무능력, 게으름을 뜻하는 것이 되었고, 부와 성공은 근면과 성실 심지어 인품마저 의미하게 됐다. 돈에 새로운 도덕적 가치가 부여됨으로써 무능력은 불안과 동의어가 된 것이다.

다섯 번째는 불확실성이다. 언제 빛을 발할지 모르는 재능, 누구에게나 동등하게 적용되지 않는 행운과 불운 같은 것들뿐만 아니라 세계경제 상황, 정치적 변동 등 사회의 변화 속도가 워낙 빠를뿐더러 세상에는 불확실한 요소가 너무도 많아 언제든 내 지위를 잃을 수 있기에 우리는 불안하다.

보통이 말한 불안의 원인을 살펴보니 불안 없이 사는 게 오히려 이상할 정도다.

50대가 맞닥뜨리는 불안 중 가장 큰 것은 실존에 대한 불안이다. 지금까지 앞만 보고 달려오다가 잠깐 뒤돌아보지만 결코 되돌아갈 수는 없고, 앞길은 까마득하고 막막하기만 하다. 죽을힘을 다해 뛰었으나 행복은 저만치 달아나버린 듯하다. 전반전에 이루지 못한 것을 후반전에 이루리라는 보장도 자신도 없다. 또한 실존에 대한 고민을 피할 수 없다. '나는 누구인가?', '나는 왜 이렇게 고생만 하며 살았을까?', '나는 앞으로 어떻게 살아야 할까?'에 관한 두려움과 불안은 날로 커진다. 존재론적 불안으로, 나이가 들면서 더 많이 느끼는 불안이다. 무한 경쟁 시대를 살아온 우리나라 50대는 특히 더하다.

불안의 주범 가운데 하나가 걱정이다. 걱정해서 문제를 해결할 수 있으면 얼마나 좋겠는가? 물론 걱정해서 예방할 수 있는 일도 있지만, 대부분의 걱정은 무익한 것이 사실이다.

『느리게 사는 즐거움』의 저자인 어니 젤린스키(Ernie Zelinski)의 연구에 따르면 우리가 하는 걱정의 40%는 절대 일어나지 않을 사건에 대한 것이고, 30%는 이미 일어난 사건에 대한 것이며, 22%는 사소한 사건에 대한 것이고, 4%는 우리가 바꿀 수 없는 사건에 관한 것이다. 나머지 단 4%만이 우리가 해결할 수 있는 사건에 관한 것이라고 한다. 이 사실은 우리가 매일하는 걱정의 96%는 우리 능력으로 도저히 제어할 수 없는 일이라는 뜻으로, 다시 말하면 우리가 하는 걱정 대부분이 쓸데없는 것이라는 이야기다.

죄책감

•

왜 자꾸 지난 세월을 되돌아볼까?

  회복력 분야의 세계적 권위자인 펜실베이니아대학교 캐런 레이비치(Karen Reivich) 교수는 자신의 저서 『회복력의 7가지 기술』에서 대학생들에게 하루 동안 자신의 정서를 관찰하도록 한 연구를 소개했다. 연구 결과 이들에게 가장 자주 나타난 긍정 정서는 행복이고, 부정 정서는 죄책감이었다. 룸메이트의 샴푸를 다 써버린 것, 부모님께 전화하지 않은 것, 이성 친구 외 다른 사람들과 즐겁게 어울린 것, 운동을 안 한 것, 과식과 과음을 한 것, 부모님의 돈을 낭비한 것 등에 죄책감을 느꼈다.

  또 다른 연구에서는 20대 성인들에게 일주일 동안 알람이 울리도록 설정한 시계를 차고 있게 하고, 알람이 울릴 때마다 그 순간의 감정, 생각, 활동을 기록하게끔 했다. 이들에게도 죄책감은 흔한 감정이었다. 피험자들은 하루에 8시간의 수면 시간을 제외한 16시간 동안 연구에 참여했다. 그렇게 얻은 자료를 분석한 결과, 이들은 하루 평균 39분 죄책감을 느꼈다. 하루에 느끼는 죄책감의 양이 상당한 것을 알 수 있는 실험이었다.

대학생들과 20대 젊은이들이 죄책감을 느끼는 상황은 두 가지 범주로 나눌 수 있다. 첫째, 할 일을 미루거나 과식, 과음, 운동 포기, 과소비 등 자기통제를 위반한 상황이다. 둘째, 성적인 일탈을 하거나 가족과 보내는 시간이 부족한 경우, 친구의 부탁을 거절하는 등 책임을 위반한 상황이다.

죄책감은 분노와 반대로 누군가의 권리를 침해했을 때 나타나는 감정이다. 자신이 저지른 잘못이나 실수에 대하여 책임을 느끼는 감정인 것이다. 죄책감은 우리가 행동 방침을 바꾸고 개선하도록 도와준다. 어떤 행동에 대해 죄책감을 느낀다면 그것은 우리가 자기통제에 실패했음을 의미한다. 죄책감이 들면 그 감정에 기인한 행동에 주목하지 않을 수 없다. 따라서 우리에게 자기통제력을 되찾을 기회를 제공한다. 그러나 우리의 삶을 지배하는 대표적 감정이 죄책감이라면 필요 이상으로 과도하게 부정 정서에 에너지를 쏟는 셈이다.

나는 하루에 몇 분 동안이나 죄책감을 느낄까? 무엇 때문에 죄책감을 느낄까? 실제로 아무 잘못도 하지 않았는데도 죄책감이 들 때가 있다. 회사 일을 마친 후 곧바로 귀가하는 대신 그저 어딘가로 훌쩍 떠나 칭얼대는 아이들과 성가신 집안일에서 벗어나는 상상을 할 수도 있다. 물가는 계속 오르는데 월급은 오르지 않으니 다음 달부터는 부모님께 드릴 용돈을 줄이거나 끊는 게 좋겠다는 생각을 할 수도 있다. 이렇게 단순히 상상으로 일상을 일탈하는 것만으로도 '예기 죄책감(Anticipatory guilt)'이 일어난다고 심리학자들은 말한다. 홀쩍 떠나기도 전에, 부모님 용돈을 줄이기도 전에 먼저 죄책감을 느끼는 것이다. 예기 죄책감은 매우 불쾌한 감정이어서 행동에 나서기도 전에 자꾸 우리를 멈춰 세운다.

죄책감과 함께 언급해야 할 감정이 있다. 죄책감을 느낀 일을 이야기할 때 사람들은 수치심에 대해 자주 거론한다. 죄책감과 수치심은 모두 되돌리고 싶은 과거의 사건과 관계있다. 그러나 두 감정을 일으키는 원인은 조금 다르다. 죄책감은 나쁜 일을 했다는 것, 즉 잘못된 행동 방식에 초점을 맞춘다. 반대로 수치심은 본인이 나쁜 사람이라는 것, 즉 행동보다는 성격에 초점을 맞춘다.

죄책감과 수치심을 비슷한 비중으로 경험하는 사람도 있으나 대부분 둘 중 한 가지 감정을 다른 감정보다 더 많이 느낀다. 수치심을 더 많이 느끼는 사람은 자신의 성격적 결함과 자아의 약점이 본인이 저지른 위반 행동의 원인이라고 믿는다. 반면 죄책감을 더 많이 느끼는 사람은 비록 나쁜 행동을 했어도 자신이 나쁜 사람은 아니라고 믿는다.

나에게 생겨나는 부정 정서 중 죄책감이 우세한가, 아니면 수치심이 우세한가? 이 경향을 아는 것이 중요하다. 수치심은 독약과 같기 때문이다.

죄책감은 변화와 교정을 촉진하는 역할을 한다. 실제로 죄책감 우세성은 적응상의 이점을 부여한다. 인간관계에서 특히 그렇다. 레이비치 교수의 연구에 따르면 죄책감은 느껴도 수치심은 느끼지 않는 사람은 수치심을 더 많이 느끼는 사람보다 공감 능력이 뛰어났으며, 건설적으로 분노를 조절했다. 반면 수치심이 우세한 사람은 공감 능력이 훨씬 부족했고 더 적대적이었으며, 분노를 적절히 통제하지 못했다. 이들은 우울할 가능성도 대체로 컸다.

수치심의 치명적 특징은 무력감을 조장하는 것이다. 우리는 행동을 바꾸는 방법은 잘 알고 있지만 성격을 바꾸려 할 때는 무력감을 느낀다. 수치심으로 인한 무력감 때문에 잘못을 사과하고 자기통제력을 높이려 애쓰는 대신 도망치고 외면한다.

전셋집에서 맞벌이하며 고등학생 딸을 키우는 부부가 있었다. 지방에서 일하는 남편 때문에 어쩔 수 없이 둘은 주말부부가 됐다. 그들은 딸과 즐거운 추억을 많이 남기고 싶었으나 너무 바쁜 데다가 생활의 여유도 없어 그러지 못했다. 딸이 대학생이 되기 전에 내 집 마련을 하겠다는 목표로 허리띠를 졸라매며 살았다. 조금만 더 참으면 좋은 날이 오리라 생각하며 부부는 서로를 위로했다.

그런데 어느 날 신호를 무시하고 달리던 차에 치여 딸이 목숨을 잃는 사고가 발생했다. 하늘이 무너질 일이었다. 부부는 그대로 맥을 놓았다. 인생의 목적이 사라져버린 것이다.

"내가 누구를 위해 밤낮없이 일에 매달렸는데… 이럴 줄 알았으면 같이 여행도 다니고, 영화도 보고, 맛있는 것도 잔뜩 먹으러 다닐걸… 아, 이 많은 죄를 어찌 갚을지…."

딸의 영정 사진 앞에서 껴안고 오열하며 슬퍼하는 부부의 모습은 차마 보기 힘든 광경이었다.

사랑하는 가족의 죽음으로 인한 심리적 충격은 실로 엄청나다. 특히 동고동락한 배우자와의 사별이나 눈에 넣어도 아프지 않을 자녀와의 이별에서 오는 고통과 슬픔은 헤아릴 수 없이 크고 깊다. 가족을 잃은 이들에게 주로 나타나는 증상은 좀 더 잘해주지 못했다는 죄책감에 시달리거나, 죽음 자체를 부정하거나, 죽음을 불러온 원인에 대해 분노하거나, 끊임없이 비애감을 느끼는 등이다.

최근 황혼 이혼이 급증하고 있다. '황혼 이혼(gray divorce)'이란 자녀를 낳아 다 성장시킨 부부가 50대 이후 이혼하는 것을 말한다. 검은 머리가 파뿌리 되도록 산다는 말은 이제 옛말이다. 신혼 때에는 참지 못하고 홧김에 헤어지는 경우가 많다면, 황혼 이혼은 도저히 견디기 힘들어도 자녀를 위해 꾹 참고 살며 계획을 세웠다가 단박에 갈라서는 것이 특징이다.

한때 뜨겁게 사랑했던 사람과 이혼한 후에는 많은 사람이 죄책감을 느낀다. 귀책사유가 있거나 자녀들에게 미칠 부정적 영향을 걱정하는 이들이 주로 죄책감에 시달린다. 약간의 죄책감은 나쁘지 않다. 상대방에게 상처를 주었을 수도 있으므로 죄책감을 느낀다는 것은 내가 착한 사람이라는 증거이기도 하다.

하지만 지나친 죄책감은 이혼에 대한 객관적인 사실보다 편향된 믿음에서 생겨나고, 이는 치유력을 떨어뜨린다. 공동 책임이거나 누구의 잘못이 아님에도 본인만 탓하며 죄책감에 빠져드는 것은 아닌지 확인할 필요가 있다. 특히 다른 사람들이 이혼에 어떤 반응을 보일지 예상하면서 파국적 사고에 빠질 때, 죄책감은 그 자신을 더욱 죄어온다.

"아이들이 얼마나 충격을 받을까? 나를 원망하겠지? 이 일을 결코 이겨내지 못할 거야."

"남들은 우리 부부를 그토록 부러워했는데… 창피해서 어떻게 얼굴을 들고 다니겠어."

이미 힘든 상황을 훨씬 더 악화시키는 이런 부정 정서는 아무에게도 득이 되지 않는다.

떨쳐버릴 수 없을 만큼 죄책감이 든다면 당사자를 찾아가 진솔하게 사과하고 용서를 구하는 게 좋다. 용서를 하고 안 하고는 상대방의 몫이지만, 충분히 용서를 구하는 것은 나의 몫이다. 상대를 만날 수 없다면 마음속으로 사과하고 용서를 구할 수밖에 없다. 그런 다음 훌훌 털어버려야 한다. 과거에서 벗어나야 한다는 말이다.

인간은 누구나 잘못과 실수를 저지르며 산다. 진정한 참회는 같은 실수나 잘못을 다시 저지르지 않는 것이다. 아무리 뉘우치고 후회해도 과거를 되돌릴 수는 없다. 그런데도 죄책감에서 벗어나지 못하면 그것은 내 미래의 삶에 부정적 영향을 끼치게 되며, 이전의 잘못과 실수를 반복할지도 모른다는 불안감에 시달릴 수도 있다. 따라서 과거에 얽매임으로써 받는 고통에서 하루 빨리 벗어나야 한다. 지나친 죄책감은 자학이다. 자꾸 지난 세월을 되돌아볼 게 아니라 지금 후회할 일을 만들지 않는 것이 더 현명하다. 그것이 앞으로 내가 받을지 모를 죄책감을 사전에 없애는 방법이다.

외로움

●

홀로 고립된 것처럼 느껴질 때

어느 날 한 중년 여성이 상담을 요청해왔다. 밤에 잠을 자기가 어렵고 늘 가슴이 답답하다고 했다. 대화가 이어졌지만 뚜렷한 원인을 찾기 어려웠다. 그러다가 그녀가 어렵사리 입을 열었다.

"남편하고 방을 따로 쓴 지 오래됐어요. 한집에서도 거의 남남처럼 지내죠. 우리는 서로 맞는 게 없어요. 성격도 취향도 달라요. 지금까지 매일 다투면서 살았어요. 그 사람은 너무 권위적이에요. 저를 진심으로 존중해준 적이 없어요. 막내가 얼마 후면 대학을 졸업해요. 큰아이는 결혼했고 둘째는 독립해서 직장 생활을 하죠. 그때까지만 꾹 참을 거예요. 솔직히 아이들만 아니면 진작 이혼했을지도 몰라요. 자식들 때문에 참고 살았어요. 남편도 있고 자식도 셋이나 되지만 저는 항상 외로웠어요. 혼자였으니까요. 제가 잠을 못 자고 가슴이 답답한 건 남편 때문에 생긴 화병이에요. 더 참고 살다가는 제명대로 못 살 것 같아요."

그녀는 겉보기에 행복의 조건을 두루 갖추고 있었다. 남편은 대기업 임원이었고 경제적으로 넉넉했으며, 세 자녀 모두 명문 대 출신 엘리트들이었다. 그런데 그녀는 이혼하고 싶다고 했다. 외롭다고 했다. 더는 외로움을 참지 못해 자유롭게 날아가고 싶었던 것이었다.

외로움(loneliness)이란 '홀로되어 쓸쓸한 마음이나 느낌'이다. 사랑받는다는 느낌의 결핍 또는 사람들의 인정과 관심으로부터 자신만 멀어져 있다는 느낌에서 생겨나는 감정이다. 결혼은 사랑하는 남녀가 만나 각자 가진 외로움에서 벗어나 하나의 친밀감과 충만함을 경험하는 일이다. 그러나 결혼 후에도 여전히 쓸쓸하고 배우자가 있음에도 불구하고 외롭다면, 부부 사이에 충분한 소통과 공감이 이루어지지 않았기 때문이다. 이런 경우 혼자일 때보다 훨씬 더 힘들고 괴로울 수밖에 없다.

부부 간에 기대와 희망, 소통과 공감이 깨지는 가장 큰 원인은 배우자의 외도다. 나는 50대에게 절대로 외도하지 말라고 당부하고 싶다. 행복한 부부 관계를 유지하는 데 있어 가장 중요한 경제 문제와 성격 문제는 노력을 통해 이겨낼 수 있고 바꿀 수 있지만, 외도는 평생 상처와 고통(외로움)으로 남기 때문이다.

나는 외로움을 겪는 많은 부부를 만났다. 이들과 상담하다 보면 외로움은 사람을 파괴하는 가장 강력한 부정 정서라는 생각이 든다. 외로움에 동반되는 우울증, 불안증, 분노를 해소하려다 보니 알코올의존증, 약물중독, 게임중독에 빠지고 심지어 자살로 이어지기도 한다.

누가 봐도 무난하게 사회생활을 하는 기범 씨는 말 그대로 모범 시민이다. 회사에서는 업무를 워낙 꼼꼼하게 처리해 일 때문에 어려움을 겪는 일도 없다. 중견기업 부장인 그는 임원들 앞에서도 떨지 않고 프레젠테이션을 잘 해내어 강심장의 사나이라는 말을 듣기도 했다.

하지만 그에게는 남다른 고민이 하나 있다. 다른 사람들과 한데 어울리는 일이 쉽지 않은 것이다. 상사는 물론 부하 직원들과도 마음을 터놓고 개인적인 이야기를 나눠본 적이 없다. 그래서 그는 식사 자리나 회식 자리가 편치 않다. 남들은 점심때가 되면 삼삼오오 밥을 먹으러 나가지만 기범 씨는 자기 자리에서 도시락을 먹는다. 직원들과 같이 밥 먹는 게 부담스러운 그는 채식주의자라고 둘러대며 번거롭지만 손수 싸온 도시락을 먹는다.

회식이 있는 날은 더욱 곤혹스럽다. 그는 자기 부서를 아예 회식 없는 부서로 만들었다. 요즘 젊은 직원들은 물론 더 좋아한다. 어쩌다 한번씩 점심때 회의실에서 간단한 음식을 배달시켜 먹으며 회식을 대체하곤 한다.

그런 그도 윗사람이 퇴근 후에 보자고 하면 꼼짝없이 불려갈 수밖에 없다. 여간 거북스러운 일이 아니다. 술이 몇 잔 이어지다 보면 사적인 대화가 나온다. 은퇴 후 계획에서부터 자녀들 혼사 이야기까지 미주알고주알 끝이 없다. 자기 이야기는 한마디도 안 하면서 술과 안주만 축내는 자신을 남들이 어떻게 볼까 걱정스럽기는 하지만, 어쩔 것인가? 도무지 남들과 개인적인 일로 얽히고 싶지 않으니 말이다.

"회사에서 일만 잘하면 되지, 왜 사생활을 들춰내고 캐묻는 건가?"

"그래도 사람들하고 잘 어울리고 모난 데가 없어야 외롭지 않게 살 수 있지 않을까?"

기범 씨는 매일 이 두 가지 고민 사이를 왔다 갔다 한다. 그러다 보니 점점 외롭다는 생각이 든다. 학교 졸업 후 자주 만나는 친구도 없었는데, 은퇴 후 가끔 만나 술 한잔 마실 직장 동료도 없을 것 같다. 미혼이라 함께 세월을 흘려보낼 아내도 없고, 당연히 자식도 없으니 노인이 되면 더 쓸쓸할 것 같다. 나이를 먹을수록 기범 씨는 스스로 자책하게 된다.

"나는 사회성이 떨어지는 사람일까? 아니면 감정이 메마른 사람일까?"

혼자 사는 사람이 늘고 있다. 통계청 자료에 따르면 2022년 기준 전체 인구 중 1인 가구 비율은 34.5%에 달한다. 세 집 중 한 집이 1인 가구인 셈이다. 이는 4인 가구 수의 두 배. 미혼과 비혼, 이혼과 사별의 증가로 '나 홀로 가구'가 가파르게 급증하고 있다. 친족과 함께 거주하는 고령 인구의 비중 역시 점점 줄고 있지만, 고령자 1인 가구는 날로 증가하는 추세다. 많은 사람이 모든 것을 혼자 해결하며 살아가야 하는 시대다. 2035년경에는 혼자 사는 가구가 둘 이상이 함께 사는 가구보다 많아질 것이라는 전망까지 나오는 실정이다.

외로움이 몸과 마음에 해롭다는 사실을 알고 있음에도 불구하고, 1인 가구와 혼밥족의 증가와 더불어 전 연령대 사람들에게서 외로움의 비중이 점점 커지고 있다. 평균수명이 늘어난 노년층은 노년층대로 외롭게 보내야 하는 시간이 증가하고, 경제적 자립이 어려워진 청년층은 청년층대로 외로움을 견뎌야 하는 시간이 늘어나고 있다. 바야흐로 외로움의 시대다.

비단 나 홀로 가구가 아니더라도 인생 후반전으로 접어들면 외로움을 느끼는 날이 잦아진다.

먼저 은퇴 후 불현듯 찾아오는 외로움이다. 현역 시절에는 툭하면 무슨 모임이니 회식이니 해서 쉴 틈 없이 불려 다녀야 했지만, 은퇴 후에는 딱히 오라는 곳이 없다. 이전에는 전화와 문자로 휴대전화가 수도 없이 울렸으나 지금은 종일 고요하다. 다들 나를 잊은 것만 같다.

여성의 경우, 앞에서 상담했던 중년 여성처럼 켜켜이 쌓였던 외로운 감정이 한순간 폭발할 가능성이 있다. 폐경기 전후 직면하는 외로움의 강도는 의외로 셀 수도 있다. 오랜 시간 묵힌 외로움이라서 마치 별다른 이유도 없는 듯 보인다. 상실감과 외로움을 동반한 우울증이다.

50대 이후 여러 이유로 독신 생활을 하면 쓸쓸함을 달랠 방법이 많지 않다. 부부가 같이 살면 서로에게 위안이 되고 말벗도 되어주지만, 혼자 살면 몸이 불편한 것보다 마음이 허전한 게 더 견디기 어렵다. 외로움이 길어지면 우울과 불안 또한 깊어질 우려가 있다.

외로움과 고독은 같은 것일까? 아니면 다른 것일까? 다르다면 어떻게 다를까?

외로움은 타인에게서 고립되었을 때 느끼는 부정적인 감정이다. 타인과 연결되어 있지 못하고 세상에 나 홀로 떨어져 있다고 인식하는 정서다. 외로움은 심지어 타인과 함께 있을 때도 얼마든지 느낄 수 있다. 타인에게서 감정적으로 고립되었다고 생각할 때, 타인과 감정을 공유하지 못한 채 혼자서만 감정을 느낄 때 역시 외로움에 사로잡힐 수 있다.

하지만 고독(solitude)은 혼자 있을 때만 느낄 수 있는 긍정적인 감정이다. 오로지 자신에게만 집중할 수 있는 상태다. 타인이 아닌 자기에게 집중함으로써 내면의 목소리를 듣는 과정이다. 혼자 있는 시간에 고독을 느끼기보다 외로움을 느끼는 사람들은 본인 내면의 목소리를 듣지 못하고, 자신의 감정을 알아차리기 어렵다. 이런 사람들은 내면을 깊게 바라본 경험이 없다 보니 자신에 대해 피상적으로만 파악하고, 그러다 보면 타인을 이해하고 공감하는 일이 점점 어려워진다.

혼자 있는 시간은 타인과의 관계가 끝나버린 단절의 시간이 아니다. 오히려 타인과의 성숙한 관계를 만들기 위해 많은 것을 준비할 수 있는 연결의 시간이다. 타인과 함께 있을 때는 관계에 관한 고민을 하기 어렵지만, 혼자 떨어져 있을 때는 관계에 대한 깊은 성찰이 가능하다.

황혼 이혼으로 외로움이 해소될까? 결혼이라는 굴레에서 벗어나면 완전한 해방감과 충만함을 느낄 수 있을까? 처음에는 그럴 수 있으나 시간이 지나면 외로움은 또다시 찾아온다.

장성한 자녀들에게는 자신들의 가정이 있다. 황혼 이혼으로 홀로 된 부모님은 부담스러운 존재다. 이들은 점점 홀로 지내는 시간이 많아질 수밖에 없다. 혼자 된다는 것은 자유로움과 외로움을 맞바꾸는 일이다. 아무리 자녀들 효성이 지극하고 경제적 여유가 있어도, 텅 빈 집에 혼자 살면서 느끼는 외로움은 누구도 채워줄 수 없다.

인생은 홀로 왔다가 홀로 가게 마련이다. 가족도 친구도 회사 동료도 언제까지 내 곁에 머물지 않는다. 그들과 함께 있는 시간도 참 소중하지만, 그만큼 나 혼자 있는 시간도 소중하다. 옆에 아무도 없다고 외로움에 몸부림칠 게 아니라, 나 혼자 있는 시간을 즐기며 충만한 고독을 느낄 줄 아는 것이 행복한 인생이다.

나에게 묻고 확인하기

Q 나에게 있는 부적절하거나 무익한 부정 정서는 무엇일까?

Q 인생 후반전의 행복을 위해 가장 시급하게 줄여야 할 부정 정서는 어떤 것인가?

▶ '우울증 지수 자가 진단법'으로 나의 우울증 지수를 측정해보자.

지금 바로 이 순간 당신의 우울증 정도는 얼마나 될까?

CES-D(Center for epidemiological studies-depression scale)로 불리는 이 진단법은 우울증 진단법 중 가장 유명한 것 가운데 하나이며, 우울증의 모든 증상을 포괄하고 있다. 다음의 문항을 읽고 자신이 지난 일주일 동안 느낀 바를 가장 잘 서술하고 있는 답변을 찾아보자.

1. 평상시에는 아무렇지 않던 일에 마음이 쓰였다.

　⓪ 전혀 또는 거의 그런 적이 없다(하루 미만)

　① 약간 그런 적이 있다(1~2일)

　② 때때로 또는 꽤 그런 적이 있다(3~4일)

③ 거의 항상 또는 늘 그랬다(5~7일)

2. 별로 음식을 먹고 싶은 마음이 들지 않고 입맛이 없었다.

⓪ 전혀 또는 거의 그런 적이 없다(하루 미만)

① 약간 그런 적이 있다(1~2일)

② 때때로 또는 꽤 그런 적이 있다(3~4일)

③ 거의 항상 또는 늘 그랬다(5~7일)

3. 가족이나 친구들이 곁에서 거들어줘도 울적한 기분이 가시지 않았다.

⓪ 전혀 또는 거의 그런 적이 없다(하루 미만)

① 약간 그런 적이 있다(1~2일)

② 때때로 또는 꽤 그런 적이 있다(3~4일)

③ 거의 항상 또는 늘 그랬다(5~7일)

4. 자신이 남들보다 못하다는 느낌이 들었다.

⓪ 전혀 또는 거의 그런 적이 없다(하루 미만)

① 약간 그런 적이 있다(1~2일)

② 때때로 또는 꽤 그런 적이 있다(3~4일)

③ 거의 항상 또는 늘 그랬다(5~7일)

5. 하는 일에 마음을 집중할 수 없었다.

⓪ 전혀 또는 거의 그런 적이 없다(하루 미만)

① 약간 그런 적이 있다(1~2일)

② 때때로 또는 꽤 그런 적이 있다(3~4일)

③ 거의 항상 또는 늘 그랬다(5~7일)

6. 우울한 느낌이 들었다.

⓪ 전혀 또는 거의 그런 적이 없다(하루 미만)

① 약간 그런 적이 있다(1~2일)

② 때때로 또는 꽤 그런 적이 있다(3~4일)

③ 거의 항상 또는 늘 그랬다(5~7일)

7. 쉬운 일이 하나도 없다는 느낌이 들었다.

   ⓪ 전혀 또는 거의 그런 적이 없다(하루 미만)

   ① 약간 그런 적이 있다(1~2일)

   ② 때때로 또는 꽤 그런 적이 있다(3~4일)

   ③ 거의 항상 또는 늘 그랬다(5~7일)

8. 미래가 암울하게 느껴졌다.

   ⓪ 전혀 또는 거의 그런 적이 없다(하루 미만)

   ① 약간 그런 적이 있다(1~2일)

   ② 때때로 또는 꽤 그런 적이 있다(3~4일)

   ③ 거의 항상 또는 늘 그랬다(5~7일)

9. 실패한 인생이라는 생각이 들었다.

   ⓪ 전혀 또는 거의 그런 적이 없다(하루 미만)

   ① 약간 그런 적이 있다(1~2일)

   ② 때때로 또는 꽤 그런 적이 있다(3~4일)

   ③ 거의 항상 또는 늘 그랬다(5~7일)

10. 뭔가 두렵다는 느낌이 들었다.

   ⓪ 전혀 또는 거의 그런 적이 없다(하루 미만)

   ① 약간 그런 적이 있다(1~2일)

   ② 때때로 또는 꽤 그런 적이 있다(3~4일)

   ③ 거의 항상 또는 늘 그랬다(5~7일)

11. 잠을 설쳤다.

   ⓪ 전혀 또는 거의 그런 적이 없다(하루 미만)

   ① 약간 그런 적이 있다(1~2일)

   ② 때때로 또는 꽤 그런 적이 있다(3~4일)

   ③ 거의 항상 또는 늘 그랬다(5~7일)

12. 불행하다는 느낌이 들었다.

◎ 전혀 또는 거의 그런 적이 없다(하루 미만)

① 약간 그런 적이 있다(1~2일)

② 때때로 또는 꽤 그런 적이 있다(3~4일)

③ 거의 항상 또는 늘 그랬다(5~7일)

13. 평상시보다 말수가 적었다.

◎ 전혀 또는 거의 그런 적이 없다(하루 미만)

① 약간 그런 적이 있다(1~2일)

② 때때로 또는 꽤 그런 적이 있다(3~4일)

③ 거의 항상 또는 늘 그랬다(5~7일)

14. 외롭다는 느낌이 들었다.

◎ 전혀 또는 거의 그런 적이 없다(하루 미만)

① 약간 그런 적이 있다(1~2일)

② 때때로 또는 꽤 그런 적이 있다(3~4일)

③ 거의 항상 또는 늘 그랬다(5~7일)

15. 사람들이 내게 불친절하다는 생각이 들었다.

◎ 전혀 또는 거의 그런 적이 없다(하루 미만)

① 약간 그런 적이 있다(1~2일)

② 때때로 또는 꽤 그런 적이 있다(3~4일)

③ 거의 항상 또는 늘 그랬다(5~7일)

16. 삶을 즐기지 못했다.

◎ 전혀 또는 거의 그런 적이 없다(하루 미만)

① 약간 그런 적이 있다(1~2일)

② 때때로 또는 꽤 그런 적이 있다(3~4일)

③ 거의 항상 또는 늘 그랬다(5~7일)

17. 갑자기 울음을 터뜨릴 때가 있었다.

⓪ 전혀 또는 거의 그런 적이 없다(하루 미만)

① 약간 그런 적이 있다(1~2일)

② 때때로 또는 꽤 그런 적이 있다(3~4일)

③ 거의 항상 또는 늘 그랬다(5~7일)

18. 슬픔을 느꼈다.

⓪ 전혀 또는 거의 그런 적이 없다(하루 미만)

① 약간 그런 적이 있다(1~2일)

② 때때로 또는 꽤 그런 적이 있다(3~4일)

③ 거의 항상 또는 늘 그랬다(5~7일)

19. 사람들이 나를 싫어한다고 느꼈다.

⓪ 전혀 또는 거의 그런 적이 없다(하루 미만)

① 약간 그런 적이 있다(1~2일)

② 때때로 또는 꽤 그런 적이 있다(3~4일)

③ 거의 항상 또는 늘 그랬다(5~7일)

20. 일이 제대로 되지 않는다는 느낌이 들었다.

⓪ 전혀 또는 거의 그런 적이 없다(하루 미만)

① 약간 그런 적이 있다(1~2일)

② 때때로 또는 꽤 그런 적이 있다(3~4일)

③ 거의 항상 또는 늘 그랬다(5~7일)

총점은 0~60점 사이다. 자신의 점수를 해석하기에 앞서 알아두
어야 할 점은 점수가 높다고 반드시 우울증이라는 건 아니라는
사실이다. 우울증 진단이 내려지려면 이들 증상이 얼마나 오랫
동안 지속됐는지 등 다른 요소도 함께 고려되어야 한다. 따라서
이 검사는 자신의 현재 우울증 정도를 알아보는 데 한정해 해석

할 필요가 있다.

점수가 0~9점이면 이는 미국 성인들의 평균치에도 못 미치는 값으로 우울증과 무관하다. 10~15점은 우울한 증세가 약간 있는 정도, 16~24점은 우울한 증세가 꽤 있는 정도, 25점 이상은 우울한 증세가 심한 정도에 해당한다.

Part 3

긍정 정서를
다시 새기자

자부심

•

이 정도면 잘 살아온 것 아닌가

당신은 행복해서 웃는가? 웃으면 행복하니까 억지로 웃는가? 지금까지 대다수 사람은 행복하지 않더라도 웃으라고 했다. 웃으면 행복해지리라 믿기 때문이다. 하지만 긍정 정서 분야의 최고 권위자인 미국 노스캐롤라이나대학교 바버라 프레드릭슨(Barbara Fredrickson) 교수는 '진심 어린 긍정 정서'를 강조한다. 억지웃음은 가짜 웃음이며, 진심 어린 긍정 정서가 아니라는 것이다.

연구자들은 거짓 긍정 정서는 분노만큼이나 연구 대상자들의 관상동맥 질환에 위험을 일으킨다는 사실을 발견했다. 그동안 분노가 심장마비나 암 등의 질병을 유발해 사람을 죽음으로 몰아간다는 연구 결과는 무수히 많았다. 그런데 거짓 긍정 정서가 분노만큼이나 위험하다는 이 새로운 발견으로 거짓 웃음이나 거짓 긍정 정서도 똑같이 치명적일 수 있음이 밝혀진 것이다.

긍정 정서에는 마약과 도박, 갖가지 중독 같은 유사품과 폭식이나 성적 흥분 같은 육체적 쾌락의 먼 친척도 있다. 진심 어린 긍정 정서는 단지 긍정적인 말을 몇 마디 더 하거나 억지웃음, 순간적 쾌락이 아닌 마음속에서 진심으로 우러나는 기쁨, 감사, 만족의 웃음이다. 대단하고 특별한 게 아닌 일상에서 소소하게 경험하는 긍정 정서를 의식적으로 기억하는 것이 중요하다. 이런 긍정 정서가 행복을 만들어주고 심리적 문제를 해결해준다.

부정 정서를 단순히 긍정 정서의 반대 개념으로만 이해해서는 안 된다. 인간의 긍정 정서와 부정 정서는 서로 독립적이므로 부정 정서를 없앤다고 해서 자동으로 긍정 정서가 유발되는 것은 아니다. 부정 정서의 감소와 긍정 정서의 증진은 각각 독자적인 과정이다. 부정 정서인 비관성이 줄어든다고 해도 긍정 정서인 낙관성이 늘어나지는 않는다는 말이다.

따라서 행복을 증진하려면 비관성을 약화하여 부정 정서를 감소시킬 뿐만 아니라 낙관성을 강하게 만들어 긍정 정서를 고양해야 한다. 긍정 정서는 자연적으로 유발되기도 하지만 의식적으로 배양해야 하는 정서다. 긍정 정서는 강도보다 빈도이기 때문이다. 이렇게 의식적으로 키우는 긍정 정서는 부정 정서를 상쇄시킨다.

더 깊숙이 들어가면 긍정 정서는 과거의 긍정 정서, 현재의 긍정 정서, 미래의 긍정 정서로 나눌 수 있다. 굳이 이렇게 구분하는 이유는 각각의 의미가 다를 뿐 아니라 서로 밀접하게 연결된 것도 아니기 때문이다. 예를 들어 현재 결혼 생활에 만족한다면 과거의 신혼 시절을 떠올릴 때마다 즐겁고 행복했던 긍정 정서를 느끼지만, 훗날 만약 이혼한다면 신혼 시절을 떠올릴 때마다 억울하고 화나고 외로운 부정 정서를 더 많이 느낄 수도 있다.

과거에 대한 긍정 정서에는 만족과 안도감, 성취감, 자부심, 감사, 용서, 평정 등이 포함된다. 현재에 대한 긍정 정서에는 기쁨이나 황홀감, 평온함, 열정, 몰입 등이 있다. 미래에 대한 긍정 정서는 원하는 목표를 이룰 수 있다는 낙관성이나 희망, 신념, 신뢰, 자신감 등이다.

세 가지 긍정 정서를 충분히 느낀다면 더할 나위 없이 좋겠으나 쉬운 일은 아니다. 모든 일이 순풍에 돛 단 듯 잘 풀리고 있는 사람도 불쑥 솟아오르는 과거의 아픈 기억 때문에 고통스러울 수 있다. 이런 사람은 과거의 긍정 정서를 높여야 한다. 반대로 미래를 생각할 때마다 불안하고 걱정스러운 마음이 자주 드는 사람이라면 미래의 긍정 정서를 높여야 한다.

자신이 걸어온 삶을 되돌아볼 때, 또 가정과 회사와 내 일을 생각할 때마다 뿌듯하면서도 자랑스러운 마음이 드는가? 그렇다면 당신은 자기 자신에게 자부심을 느끼며 행복한 삶을 살고 있을 가능성이 매우 크다. 자부심(self-esteem)이란 자신이나 자신이 속한 조직의 가치와 능력을 믿고 당당하게 여기는 마음이다. 자부심에는 두 가지 측면이 있다. 하나는 과거의 역경을 딛고 성취한 외적 가치이고, 다른 하나는 역경을 겪으며 흔들림 없이 지켜온, 자신의 핵심 가치인 내적 가치이다.

그런데 우리는 자부심을 키우는 데 있어 외적인 가치, 즉 겉으로 보이는 행동적인 측면만을 중요시하는 경향이 있다. 이를테면 지나친 칭찬이나 격려 혹은 과장으로 자신과 상대의 감정을 북돋우려 한다. 자부심을 키우기 위해서는 일시적 기분에만 신경 쓰기보다 실제 행동을 통해 성취감을 쌓는 것이 중요하다.

나는 2003년 긍정심리학을 우리나라에 처음으로 소개했다. 이전까지는 국회의원이 되려고 준비해왔다. 나같이 가난하고 배우지 못한 사람도 행복하게 살 수 있는 사회를 만들고 싶었기 때문이다. 40세까지 정말 열심히 살았으나 행복은 점점 더 멀게만 느껴졌다.

2002년 한 지인으로부터 『Authentic Happiness』라는 책을 선물받았다. 긍정심리학을 세상에 알린 마틴 셀리그만의 책이었다. 처음에는 그냥 일반적인 행복에 관한 책이려니 생각했다. 그러나 책을 펼치니 지금까지 들어보지 못한 신비의 세계가 그려져 있었다. 나는 한 치의 주저함도 없이 2003년 이 책을 『긍정심리학』이라는 제목으로 번역 출판했다.

그로부터 3년 후 셀리그만 교수가 한국에 왔다. 나는 번역된 책을 가지고 서울의 한 호텔에서 그를 처음 만났다. 나는 그에게 물었다. "어떻게 하면 행복할 수 있습니까?" 그는 망설임 없이 대답했다. "행복하려면 지금까지 당신이 갖고 있던 행복에 대한 시각을 바꾸십시오."

당시 내가 바라보던 행복이란 돈을 많이 벌어서 잘 먹고 잘 살며 여유가 생기면 기부도 하는 그런 것이었다. 그런데 그는 진정한 행복은 성격 강점과 미덕을 찾아 일상에서 발휘하는 것으로부터 시작된다고 했다. 그러면서 행복은 노력하면 만들 수 있다고도 했다. 머리를 한 대 얻어맞은 것 같았다. 흥분되기도 하고 혼란스럽기도 했다.

한 달 이상 고민한 끝에, 물론 아쉬움은 있었지만 국회의원이 되고자 했던 목표를 접고, 긍정심리학을 통해 우리 사회를 더 행복하게 만들겠다는 인생의 목표를 새롭게 설정하고 본격적으로 긍정심리학을 공부하기로 했다.

심리학을 공부하는 일도 어려웠으나 긍정심리학을 바라보는 심리학계와 사회 전문가들의 시선은 더욱 따가웠다. "긍정심리학은 심리학이 아니다. 너무 가볍고 깊이도 없다. 그래서 상담에도 적용할 수 없다." 긍정심리학과 나에 대한 비하와 무시와 조롱이 이어졌다. 하지만 나는 오직 긍정심리학에만 몰입하면서 그것과 관련된 것이면 책이든 강의든 논문이든 가릴 것 없이 보고 듣고 읽으며 내 삶에 적용했다. 틈나는 대로 강의와 상담, 번역과 집필에 매달렸다. 그러면서 긍정심리학에 대한 믿음과 확신은 더 확고해졌다. 학문적으로도 여느 심리학보다 우수했지만, 실제 삶에 적용했을 때 그 결과는 참으로 놀라웠다.

어머니와의 갈등으로 우울증이 심해져 자살까지 생각했던 23세 대학생이 모녀 관계를 회복하고 건강을 되찾은 일, 서로 간의 오랜 갈등으로 알코올의존자가 되어 고통받던 부부가 상담을 통해 행복한 가정을 이루었던 일, 남편의 독선과 폭력에 억눌려 살며 분노와 복수심으로 가득 찼던 50대 여성이 남편을 용서하고 비로소 행복을 알게 된 일, 불안과 우울과 공황장애로 하루하루 숨쉬기조차 고통스러웠던 여성이 상담 5회 만에 기적적으로 회복한 일, 늘 부정적이고 비관적이던 30대 남성이 성격 강점을 찾고 발휘해 석사 과정을 거쳐 박사 과정에서 긍정심리학을 연구한 일, 전국 어디에서 강의하든지 나를 찾아온 이들에게 행복하게 해줘서, 마음 근육을 기르게 해줘서, 심리적 문제를 해결하게 해줘서, 학위 논문을 쓰게 해줘서 감사하다는 인사를 끝없이 받게 된 일 등이 내가 직접 긍정심리학의 효과를 확인한 결과다.

긍정심리학 전도사를 자임하며 우리나라에 긍정심리학을 알린 지 20년이 넘도록 나는 긍정심리학에만 빠져 두 번의 사업 부도와 가정에서의 수많은 위기를 맞기도 했다. 하지만 포기하지 않고 긍정심리학으로 나와 내 주변, 나아가 공동체와 사회까지 더 행복하게 만들 수 있다는 확고한 믿음과 끝없는 열정으로 지금까지 달려온 나 자신에게 무한한 자부심을 느낀다.

내 핵심 가치는 가족의 소중함, 배움과 성장, 정직, 행복, 일에 대한 사명감 등이다. 이 가치들은 어떤 상황에서든 나를 지켜주었으며, 흔들림 없이 주도적으로 전진하게 해준다. 이 가치들이 없었다면 나는 격렬한 삶의 풍랑을 이겨낼 수 없었을 테고, 지금처럼 자부심 넘치고 플로리시한 삶을 살아가지 못했을 것이다.

가족의 소중함이 핵심 가치였기에 연거푸 부도를 맞아 너무나 힘든 와중에도 가정을 지킬 수 있었고, 배움과 성장이 핵심 가치였기에 열악한 환경에서도 늦은 나이에 독학으로 공부했으며, 정직이 핵심 가치였기에 경제적 위기 상황에서도 불의와 타협하지 않고 원칙을 고수할 수 있었다. 행복이 핵심 가치가 아니었다면 나처럼 가난하고 배우지 못한 사람이 행복을 만들 수 있었을까? 일에 대한 사명감이 핵심 가치가 아니었다면 지금까지처럼 긍정심리학을 포기하지 않고 계속 연구하며 확장시킬 수 있었을까?

핵심 가치 하나하나를 돌아보면 결코 내 삶에 적용하기 쉬운 것들이 아니었다. 하지만 나는 그 가치들을 삶의 역경에 적용하고자 노력했다. 그래서인지 지금 돌아보면 모든 것이 자랑스럽고 행복하다.

나는 개인적으로 크든 작든 의미 있는 성취를 이루거나 남다른 가치를 상징하고 싶을 때면 나 자신에게 상을 주곤 한다. 얼마 전에는 나에게 '끝없는 열정 상'을 수여했다.

끝없는 열정 상

성명: 우문식

위 사람은 어려운 환경과 조건에서도 좌절하거나 포기하지 않고 배움과 성장으로 행복한 자신을 만들었기에 이 상을 수여합니다.

오늘날 50대에게 가장 필요한 긍정 정서는 자부심이라고 생각한다. 현재 상황에 만족하지 않을수록 거듭해서 과거를 돌아보며 후회와 자책에 빠질 수 있다. 그러나 어려운 시기를 잘 헤쳐오며 가족을 돌보고 지금의 모습을 유지할 수 있는 것은 전적으로 내 땀과 노력의 산물임을 상기할 필요가 있다. 그것은 충분히 자부심을 가질 만한, 매우 자랑스러운 일이다.

"나는 도대체 뭘 하고 살았기에 이 나이 먹도록 이 모양 이 꼴일까?"

이 같은 생각은 자신을 열등감에 빠뜨리며 계속해서 다른 부정 정서를 끌어들인다.

"이 정도면 그래도 잘 살아온 것 아닌가? 남은 후반전에는 더 좋은 일이 있을 거야."

이렇게 과거의 나에게 자부심을 부여하면 미래의 나에게도 긍정 정서가 배양된다. 크고 대단한 경험만 필요한 것이 아니다. 작은 일이라도 스스로 소중하게 생각하고 자랑스럽게 여기는 경험이면 충분하다. 이런 경험을 과거에 묻어두지 말고 긍정적으로 반추하면서 음미하다 보면 자부심과 함께 성취감, 만족감, 감사 같은 긍정 정서가 끝없이 자라날 것이다.

감사

·

오십, 심장은 뜨겁되 두뇌는 차가워야 할 때

서울에서 중학교 교사로 일하는 민경 씨는 5년 전 친구 소개로 만난 남자와 결혼했다. 외아들인 남편의 집안은 대대로 손이 귀한 편이었다. 그녀는 행복했지만 결혼한 지 4년이 되도록 아이가 들어서지 않자 초조해졌다. 시부모의 눈치를 보면서 스트레스를 받았다. 다행히 결혼 5년째 되던 해에 임신해서 예쁜 딸을 낳았다. 가족 모두가 기뻐하며 축하해줬다.

민경 씨는 학교에 육아 휴직을 신청하고 집에서 아기 돌보는 일에 전념했다. 남편과 가사와 육아를 잘 분담해 그녀의 짐이 많이 덜어졌다. 그러는 사이 복직해야 할 시기가 다가왔다. 그런데 아이를 맡길 곳이 마땅치 않았다. 시가는 먼 시골이었고 친정이라고 해 봐야 도와줄 사람이 없었다. 친정 어머니는 암 투병을 하다가 몇 년 전 돌아가셨기 때문이다.

"애야, 너 곧 복직한다면서? 내가 올라가서 아이를 봐주마. 살

림도 좀 도와주고."

하루는 시어머니에게서 이런 전화가 걸려왔다. 50대 후반인 시어머니는 남쪽 바닷가 마을에서 시아버지와 함께 고기잡이와 농사를 병행하며 살고 있었다. 민경 씨는 부담스러워서 한사코 사양했으나 시어머니는 자신이 올라와 육아를 돕겠다며 끝내 고집을 꺾지 않았다.

시어머니와의 동거가 시작되면서 집안 분위기는 180도 달라졌다. 민경 씨는 모든 것이 불편했다. 가치관과 문화는 물론 생활 습관까지 시어머니와 맞는 게 거의 없었다. 심지어 육아하는 데서도 의견 차이가 났다. 시어머니는 자신의 아들을 키우던 시절의 고리타분한 방식대로 손주를 키우려 했고, 민경 씨는 교사로서의 지식과 철학을 가지고 아이를 양육하려 했다.

시간이 갈수록 민경 씨는 무기력하고 우울해졌다. 시어머니 생각만 하면 화가 치밀어 올랐다. 남편까지 미워졌다. 전에는 퇴근하면 빨리 집에 가서 아이와 남편을 보고 싶었지만, 이제는 아니었다. 별다른 일이 없어도 학교에서 시간을 보내다 늦게 퇴근하는 일이 잦아졌다.

비 오던 어느 날, 민경 씨는 수업을 마치고 교무실에서 창밖을 내다봤다. 문득 시어머니가 떠올랐다. 일주일 내내 아이를 돌보고 살림까지 하다가 토요일 아침에 시골로 내려가서 시아버지를 챙기고 일요일 오후 다시 서울로 올라오는 시어머니가 무척 힘들 것 같다는 생각이 들었다. 갑자기 시어머니가 안쓰럽게 느껴졌다. 어쨌거나 아들과 며느리를 위해 사서 고생을 하는 셈인데, 자신이 너무 쌀쌀맞게 대하고 이기적으로 행동했던 게 아닌가 싶었다.

"어머니, 많이 힘드셨을 텐데 고맙다는 말씀 한번 못 드리고 짜증만 내서 죄송합니다. 그동안 아이 돌봐주시고 살림까지 해 주셔서 정말 감사합니다. 앞으로는 제가 더 잘할게요."

민경 씨는 집에 오자마자 시어머니 손을 꼭 잡고 이렇게 자신의 속내를 털어놨다. 그러자 시어머니는 감격스러운 표정으로 눈물까지 글썽이며 민경 씨를 안아줬다.

"나도 하고 싶었던 이야기를 해야겠다. 고맙다, 민경아. 손 귀한 집에 시집와서 예쁜 아이도 낳고 돈도 벌고 내 아들과 잘 살아줘서 감사해. 이 말을 꼭 하고 싶었어. 사랑한다."

두 사람은 묵은 감정을 내려놓고 상대방을 존중하며 서로에게 감사한 마음을 깊이 나눴다. 그날 이후 언제 고부갈등이 있었느냐는 듯 집안 분위기가 화기애애하게 바뀌었다.

우리는 민경 씨처럼 지금 자신이 겪고 있는 일과 맞닥뜨린 현상을 조금 다른 관점에서 바라볼 필요가 있다. 당면한 일과 현상의 이면에 무엇이 자리하고 있는지, 그로 인해 자신이 무엇을 얻었고 또 얻을 수 있을지를 생각해보라는 것이다. 시어머니 역시 마찬가지다. 예전과 다른 시각에서 현상을 바라보면 저절로 감사하는 마음이 생겨나면서 행복으로 가는 길이 보일 것이다.

미국의 작가이자 저널리스트이면서 심리학자인 하라 에스트로프 마라노(Hara Estroff Marano)의 논문에 따르면 사람은 하루에 2만 5,000번에서 5만 번 정도 생각을 하며, 좋은 일보다 나쁜 일, 성공보다 실패에 대해 더 잘 기억하고 집중하는 것으로 나타났다. 부정적인 정보나 경험에 더 민감하게 반응하는 심리적 현상, 즉 부정 편향(Negativity bias) 때문이다. 대다수 사람이 잘못된 일 또는 잘못될지도 모르는 일을 고민하느라 시간을 허비한다. 긍정보다 부정에 예민하기에 일상이 짜증스럽고 화가 나며 우울하다.

부정 편향을 극복해 긍정적인 부분을 알아차리고 인지하는 데 필요한 기술이 '감사하기'다. 감사하기는 고마운 마음을 전하는 행위로, 이를 통해 긍정 정서를 키우고 자기 효능감을 높이며, 행복을 만들어 트라우마나 역경으로 생긴 심리적 증상을 완화하고 치료할 수 있다.

2005년 미국 시사 주간지 《타임(Time)》은 긍정심리학을 커버스토리로 다루면서 셀리그만이 중증 우울증 환자 50명을 대상으로 '감사 일기'를 쓰게 한 내용을 소개했다. 환자들의 평균 우울증 점수는 34점이었다. 이는 '극단적' 우울증 범주에 속하는 점수로, 이들은 대개 가까스로 침대 밖으로 나와 컴퓨터 앞에 앉았다가 다시 침대로 돌아가는 일상을 반복한다.

이 환자들은 일주일 동안 매일 그날 있었던 감사한 일 세 가지와 함께 감사한 이유를 적었다. 그 결과 이들의 평균 우울증 점수는 17점으로 떨어졌다. 극단적 우울증이 가벼운 우울증으로 완화된 것이다. 행복 백분위 점수 역시 15점에서 50점으로 크게 상승했다. 50명 중 47명이 이제 덜 우울하고 더 행복하다고 답했다. 셀리그만은 "지난 40년 동안 심리 치료와 약물 치료로 우울증을 치료해왔지만, 이런 결과를 목격한 적은 한 번도 없었다"라고 말했다.

감사 일기는 거창한 것이 아니어도 괜찮다. 혹시 잊고 있던 친구에게서 걸려온 전화를 받았는가? 남편이 맛있는 아이스크림을 사왔는가? 무뚝뚝한 아들이 스마트폰으로 커피 쿠폰을 보내왔는가? 의식적으로 떠올려보면 분명 감사한 일이 한두 가지는 있을 것이다. 그동안 당연하게 여겨온 것들이 실은 감사한 일이고, 주변 모든 이들이 감사할 대상이다.

가장 적극적인 방법은 감사 편지를 써서 상대방을 직접 찾아가는 일이다. 이를 '감사 방문'이라 한다. 지금까지 살아오면서 존재만으로도 고맙고 소중하지만 미처 감사를 전하지 못했던 사람을 떠올려보자. 마음이 뭉클해지면서 내 인생이 불행하지만은 않다는 생각이 들 것이다. 그 마음 그대로 감사 편지를 써보자. 편지는 가능한 한 구체적으로 쓰는데, 그 사람이 나를 위해 어떤 말을 했는지, 어떤 행동을 했는지, 그것이 내 인생에 어떤 영향을 끼쳤는지에 대해 자세하게 쓴다. 그다음 지금 그것에 감사하고 있다고 표현하고, 그 일을 얼마나 자주 생각하는지도 언급하자. 편지를 쓰고 나면 날짜를 정해 그 사람을 찾아가 마주 앉아서 진심이 담긴 감사 편지를 읽어나간다. 그런 다음 서로 느긴 감정에 대해 진솔한 이야기를 나눈다.

나는 생전 어머니께 감사하다는 말씀을 한 번도 드리지 못했다. 그래서 몇 년 전 어머니 영전에서 감사 편지를 읽어드린 후 한참 이야기를 나눴다. 많이 울었지만, 기쁜 마음이 더 컸다. 지금도 그 편지를 읽을 때면 행복하다.

사랑하는 엄마에게

엄마, 나 왔어, 문식이. 잘 계셨어? 엄마 보고 싶어 왔지. 나 자주 안 온다고 서운했어? 서운하게 생각하지 마! 나 매일 아침저녁으로 엄마하고 책상 앞에서 이야기하잖아. 기도하고···.

엄마 어릴 때 항상 나한테 신익희 선생 닮았다고 했지. 잘생겼다고···. 엄마의 그 말이 나에겐 얼마나 큰 힘이 됐는지 몰라. 내가 남들보다 많이 배우지 못했어도 활발하게 사회 활동을 했던 것도 엄마의 그 말 때문이었어. 나는 잘생기고, 신익희 선생 닮았다고. 그래서 어디를 가나 기죽지 않고 늘 당당하고 자신 있었지.

엄마가 더 오래 살았으면 좋았을 텐데···. 엄마가 그전에 늘 부러운 듯 이야기했잖아. "누구는 고등학교 나왔디야!" 그런데 나는 이제 대학 나오고, 박사가 되고, 베스트셀러 저자도 되고, 대학 교수도 됐어! 엄마, 좋지?

엄마, 고마워! "너는 잘생겼어. 신익희 선생 닮았어." 엄마의 그 말이 오늘의 나를 만든 거야. 진작 엄마 살아 계실 때 감사의 마음을 전해야 했는데 이제야 하네. 엄마, 미안해! 대신 앞으로 더 노력해서 많은 사람에게 행복을 만들어주는 사람이 될게. 그래서 이 다음에 하늘나라 가서 엄마 만나면 더 멋진 모습 보여줄게.

엄마, 사랑해!

셋째 아들 문식이가

나는 긍정심리학을 강의할 때 꼭 감사 방문을 해볼 것을 권한다. 내 말대로 실천한 수강생들의 반응은 뜨겁다. 전문가 과정에 참가했던 한 교사는 어머니 칠순 잔치 때 5남매가 감사 편지를 써서 읽어드렸다고 한다. 감격스러운 분위기였을 것이다. 감사 편지는 쓰는 사람이나 받는 사람 모두에게 최고의 선물이다.

민경 씨 사례처럼 감사하기는 고부간은 물론 가족이나 친구, 지인 들과 얽혀 있던 문제를 푸는 열쇠가 될 수 있다. 감사 일기를 통해 감사하는 습관을 들인 다음 말로 하든 편지를 쓰든 방문을 하든 감사하기를 실천하면 상대방은 물론이고 나 자신이 큰 행복을 경험하게 될 것이다.

50대는 윗대와 아랫대 모두에게 적극적으로 감사를 표해야 할 시기다. 인생 전반전의 경험과 후반전에 대한 기대를 함께 가지고 있기 때문이다. 세대 간의 오해와 갈등을 해소하는 비법도 감사하기에서 찾을 수 있다. 연로한 부모에게, 대화가 어색한 자녀에게 먼저 다가가 감사의 마음을 전해보자. 그러려면 항상 심장은 뜨거워야 하고, 두뇌는 차가워야 한다. 냉철히 생각하되 과감하게 행동해야 감사하기를 실천할 수 있다.

용서

·

긍정 정서의 아름다운 선물

동양과 달리 서양은 있는 그대로 자신의 감정을 드러내는 문화다. 미국인들은 분노를 즉시 표출하는 것이 건강에 좋다고 믿는다. 그래서 소리치고 항의하고 소송하는 것을 자연스럽게 받아들인다. 분노를 표출하지 않으면 훨씬 더 파괴적인 방법으로 분노가 분출될 수 있다고 생각하는 것이다. 큰 소리로 외치고 고함지르면 분노와 스트레스가 없어진다고 교육하기도 한다. 나도 데일 카네기(Dale Carnegie) 교육을 받으며 그렇게 해왔다.

그러나 셀리그만에 의해 이 방법이 위험하다는 사실이 확인됐다. 오히려 그 반대로 밝혀졌다. 화를 내거나 분노를 표출하는 것은 심장마비 등의 더 심각한 결과를 초래한다는 것이다. 나이 들어 심장마비에 걸릴 위험이 큰 사람은 고함을 잘 치는 사람, 성질이 급한 사람, 쉽게 분노를 터뜨리는 사람 등이다. 주변을 봐도 50~60대에 갑자기 사망하는 사람을 보면 이런 부정 정서를 가진 사람이 대부분이다.

누군가에게 배신, 사기, 모욕, 무시를 당하거나 피해를 보게 되면 마음속에서 분노와 적대감 같은 부정 정서가 솟구치게 마련이다. 이 같은 부정 정서의 짐을 짊어진 채 힘겹게 살아가는 사람이 너무나 많다. 나를 망가뜨리는 부정 정서에서 벗어나는 길은 용서뿐이다. 용서를 통해 긍정 정서를 함양하는 것이다. 용서는 과거를 부정하는 것이 아니다. 과거를 그대로 인정하고 현재를 보듬으면서 더 나은 미래로 나아가기 위한 새로운 출발을 가능하게 한다.

용서는 가해자를 위한 것이 아니다. 나를 위하는 것이다. 통쾌한 복수를 꿈꾸며 분노를 품고 살아가는 것은 내 속에 치명적인 독을 안고 살아가는 일이다. 마음의 짐을 내려놓지 않으면 남은 감정들이 위험한 무기로 변해 그것이 자신을 향하고 만다. 이런 부정 정서는 나를 힘들게 하는 데서 나아가 내 가정과 주변 사람들과 내가 속한 조직에 해를 끼친다. 용서는 마음의 경제학이다. 용서하지 못하는 것은 은행에 갚아야 할 이자가 늘어나는 일과 마찬가지다. 딱 한 번 값을 치름으로써 쌓이고 쌓인 마음의 고통을 말끔히 씻어내는 비용이 바로 용서다.

대표적인 용서 기술은 미국 버지니아커먼웰스대학교 심리학 교수인 에버렛 워딩턴(Everett Worthington)이 주장한 '용서에 이르는 길'로, 다섯 단계의 머리글자를 따서 흔히 '리치(REACH)'라고 부른다.

- R(recall): 받은 상처를 돌이켜 생각하자. 부정 정서를 치유하고 용서하기 위해서는 먼저 내가 받은 상처를 현실로 불러내야 한다. 아프고 쓰라리겠지만 가능한 객관적 자세를 취해야 한다. 상처를 준 사람을 나쁘게 여겨서도, 자기 연민에 휩싸여서도 안 된다.

- E(empathize): 감정이입을 하자. 나에게 상처를 준 사람이 도대체 왜 그랬다고 생각하는가? 그 이유가 무엇인지 상대방의 입장을 헤아리려고 노력해보자. 상대 나름대로 이유가 있었을 것이다. 쉽지는 않겠지만 해명할 기회를 준다고 가정할 때 상대방이 할 법한 이야기를 생각해보자.

- A(altruistic gift): 용서는 이타적 선물임을 기억하자. 나는 누군가에게 용서받은 경험이 있나? 그때를 떠올려보자. 내가 용서받았을 때 어떤 기분이었나? 용서받지 못했다면 평생 괴로워했을 수도 있지 않을까? 그래서 용서는 내가 상대로부터 받은 일종의 선물이다.

- C(commit): 공개적으로 용서를 밝히자. 내가 용서했다는 사실을 다른 사람에게 알린다. 상대방에게 용서하는 편지를 쓰거나 일기, 시, 외침으로 용서를 표현할 수도 있다. 이렇게 하면 내 마음을 지키는 데 도움이 된다. 용서 편지는 머리가 아닌 가슴으로 쓰는 것이 좋다.

- H(hold): 용서하는 마음을 굳게 지키자. 셀리그만은 "용서란 원한을 말끔히 지워 없애는 게 아니라 기억 끝에 매달려 있는 꼬리말을 긍정적으로 바꾸는 것"이라고 했다. 원한을 곱씹으며 쓰라린 기억에 얽매이기보다는 기억에서 헤어나기 위해 노력해야 한다.

2004년 내가 운영하는 출판사에서 『빌 클린턴의 마이 라이프』라는 책을 번역 출간했다. 빌 클린턴(Bill Clinton) 미국 전 대통령이 재임 시절에 겪었던 일을 중심으로 자신의 일대기를 담아낸 책이다. 출판과 동시에 전 세계에서 베스트셀러가 된 책이기에 많은 돈을 지불하고 어렵사리 저작권 계약을 따낸 야심작이었다.

나는 책을 홍보하기 위해 그를 한국에 초청했다. 이 역시 상당한 비용이 들어가는 일이었다. 그는 2004년 9월 한국에 오기로 되어 있었다. 주최자였던 나는 방송국, 신문사 각각 한 곳과의 인터뷰와 1박 2일 동안의 일정을 짜는 옵션을 가지고 있었다. 유력 일간지 기자 중 아끼는 후배가 있었기에 신문사는 그곳으로 선정했다. 인터뷰 진행 계약서를 작성하고 모든 준비를 다 마친 상태였다.

갑자기 클린턴 쪽에서 연락이 왔다. 부득이하게 심장 수술을 받게 되어 방한 일정을 미루자는 것이었다. 방한은 2005년 2월에야 이루어졌다. 그 사이 국내 정치 상황이 복잡해졌다. 청와대와 해당 신문사의 관계가 껄끄러워진 것이다. 신문사 회장이 클린턴과의 인터뷰에 부담을 느꼈다. 결국 예정했던 인터뷰와 스폰서가 취소되고 말았다.

물론 다른 신문사가 적극적이었기에 새로운 파트너를 정하면 될 일이었다. 그런데 후배 기자가 나에게 통사정했다. 자기가 특집 기사로 실을 테니 기회를 주면 스폰서를 구해주겠다는 것이었다. 돈이냐 인간관계냐 선택의 기로에서 고민하던 나는 후자를 택했다. 그를 믿었기 때문이다. 하지만 후배 기자는 스폰서를 구해준다는 약속을 지키지 않았다. 그로 인해 나는 경제적으로 큰 곤란을 겪었다.

클린턴 전 대통령의 방한 행사는 성공적이었다. 시내 호텔에서 열린 출판기념회는 김영삼, 김대중 전 대통령을 비롯해 각계 인사 800여 명이 참석한 가운데 화기애애한 분위기 속에서 마무리되었고, 저자 사인회를 진행한 강남 교보문고는 새벽부터 줄을 서 기다린 사람들로 북새통을 이뤘다. 그는 두 시간 동안이나 선 채로 책을 구매한 500명에게 사인을 해주면서 일일이 눈을 맞추고 인사하고 악수하는 등 사람들에게 깊은 인상을 남겼다. 유엔(UN) 쓰나미 대사로 활동 중인 그는 출판 수익금 전액을 지진 해일 피해 기금으로 기부하기도 했다.

그의 방한이 많은 화제를 모았음에도 불구하고 행사가 끝난 후 나는 심각한 경제적 후폭풍에 시달려야 했고, 그 후배 기자에 대한 배신감과 분노는 눈덩이처럼 쌓여만 갔다.

그때 내가 만난 것이 리치, 즉 용서에 이르는 길이었다. 나는 후배 기자에게 용서 편지를 썼다. 이후 조금씩 마음에 안정이 생겨났다. 어렵게 그를 용서한 뒤 상대방이 아닌 나를 위해서 용서가 필요함을 깨달았다. 그를 원망할 때는 지옥 같았던 마음이 용서하고 나니 평화로워졌다. 엉킬 대로 엉켜 어떻게 풀어야 할지 엄두가 나지 않았던 상황도 조금씩 정리되기 시작했다. 원망하고 미워하는 데 소모한 부정적 에너지가 긍정적 에너지로 전환되면서 내 삶에 드리워진 불행을 거둬냈다. 기운을 내자 재기할 수 있는 길이 보였다.

인생 후반전을 멋지게 시작하려면 전반전에 드리웠던 먹구름을 걷어내야 한다. 부정 정서를 훌훌 털어버리고 긍정 정서로 무장해야 한다. 그러려면 분노, 적대감, 증오, 앙갚음, 책망, 원한 등에서 벗어나야 한다. 용서가 필요하다.

내가 진행하는 긍정심리학 교육 과정에는 용서 실습 시간이 있다. 내 삶에 리치를 적용해보고 용서 편지를 쓰면서 상처를 치유하는 시간이다. 한번은 평소 잘 따라오던 교육생 중 한 사람이 불참했다. 자신에게 씻기 힘든 상처를 준 사람을 떠올릴 때마다 도저히 참을 수 없는 감정이 솟아나서 실습에 참여하지 못한 것이다.

이렇게 아무리 선하고 너그러운 사람이라도 내게 돌이킬 수 없는 피해를 안기고 내 인생을 망가뜨린 가해자를 용서하기란 쉽지 않다. 그런데도 용서해야 할 이유는 분명하다. 용서하지 않는다고 해서 가해자에게 보복이 되는 것도 아니다. 원한을 곱씹으며 과거에 얽매여 살아가는 나만 힘들 뿐이다.

용서 편지를 읽으면서 "나는 당신을 용서한다"라는 말을 되뇌면 마음의 응어리가 차츰 녹아내린다. 처음에는 수업에 참여한 교육생 대부분이 아무것도 기대하지 않는 분위기에서 용서 실습을 시작하지만, 이 방법을 통해 자기 내면에 있던 부정 정서가 줄어들고 치유되는 것을 보며 차츰 놀라워하는 사람이 많아진다. 이처럼 용서는 개인과 일터에 주는 긍정 정서의 아름다운 선물이다.

음미하기

•

나만의 속도로 가는 법

긍정심리 치료에 참여했던 광섭 씨는 부부 사이에 심각한 불화를 겪고 있었다. 조기 퇴직하고 사업 자금을 모아 동네에서 조그만 빵집을 운영하던 그는 이혼까지 생각하는 듯했다. 본인 성격이 다혈질인데 아내는 자기 못지않게 불같은 성격이라고 했다. 둘은 부딪치는 일이 많았고 한번 다툼이 벌어지면 서로 지지 않기 위해 끝까지 가는 유형이었다.

그러다 보니 광섭 씨는 신경증과 우울증 때문에 잠도 잘 못 자고 멍하니 정신을 놓고 있을 때가 많았다. 참가자들은 긍정심리 치료 실습을 완료한 뒤 적절한 도움을 받는데, 광섭 씨는 그중에서도 '음미하기'를 통해 큰 혜택을 본 사례다. 이 부부는 서로를 깊이 들여다보고 지나온 삶을 반추하며 현재의 시간과 공간을 오래 음미하는 과정을 가졌다. 50대 중반이었던 이들은 자녀가 다 성장했기에 서로에게만 집중할 수 있었다.

두 사람은 서울 생활을 정리하고 강원도 속초로 이사하여 바다가 보이는 곳에 아담한 책방을 개업했다. 돈 버는 데 전력투구할 생각이 아니었기에 점심때부터 저녁때까지만 문을 열고 나머지 시간에는 둘이 바닷가를 산책하거나 등산을 하거나 예쁜 카페에 가서 커피를 마시며 이야기를 나눴다.

이들이 정한 원칙은 하루 두 시간 이상 함께하는 시간을 가질 것, 상대방이 말할 때 도중에 끊지 않고 끝까지 들어줄 것, 좋아하는 음악을 같이 들을 것, 하루 한 끼는 상대방이 먹고 싶은 음식을 함께 맛있게 먹을 것, 하루에 한 가지 이상 서로 칭찬할 것 등이었다.

그렇게 음미하는 생활을 하면서 두 사람은 다투는 횟수가 현저하게 줄었다. 게다가 20년 넘게 결혼 생활을 하면서도 미처 몰랐던 배우자의 매력을 새삼 발견하게 됐다. 처음에는 뻣뻣하게 서서 나란히 걷던 이 부부는 이제 손을 잡거나 팔짱을 낀 채 재잘거리며 걷는다. 광섭 씨의 요리 솜씨도 부쩍 늘었다. 아름다운 클래식 음악이 흐르고 은은한 커피 향이 퍼지는 곳에서 부부가 책을 읽으며 두런두런 이야기 나누는 모습이 보기 좋다면서 책방을 찾는 손님도 제법 많아졌다. 그는 다혈질이던 성격도 차분하고 온순하게 바뀐 것 같다고 했다.

음미하기(savoring)란 지금까지 별다른 의미를 붙이지 않았던 주변의 사람, 사물, 자연 등을 주의 깊게 관찰하고 되새기고 감상하면서 거기에 새로운 의미를 부여하며 즐기는 것을 뜻한다.

미국 시카고로욜라대학교 심리학과 교수 프레드 브라이언트 (Fred Bryant)와 미시간대학교 교수 조지프 베로프(Joseph Veroff)는 작은 농원을 만들었다. 그리고 현재라는 터전을 잃어버린 현대 인이 그것을 되찾고 즐길 수 있도록 이 농원에 '음미하는 곳'이 라는 이름을 붙였다. 브라이언트는 "음미하기는 인생의 긍정 경 험에 집중하고, 그런 경험을 감상하는 과정"이라고 정의했다.

이들은 흥미로운 실험을 했다. 가장 행복했던 순간이나 좋은 경험을 음미하는 사람, 가장 행복했던 순간이나 좋은 경험을 떠 올리되 그 기억과 관련된 물건을 보면서 음미하는 사람, 지난 경 험을 전혀 음미하지 않는 사람, 이렇게 세 집단으로 나누어 누가 가장 행복한지 살펴본 것이다. 그 결과 추억이 담긴 물건을 보면 서 좋은 기억을 음미한 사람들이 가장 행복한 것으로 나타났다. 그들은 지난 경험을 전혀 음미하지 않는 사람들에 비해 월등하 게 행복을 느꼈다.

또 다른 실험 역시 인상적이다. 브라이언트는 피험자를 세 집 단으로 나누어 매일 20분씩 일주일간 산책을 하도록 했다. 햇살 이든 지나가는 사람이든 무엇이든 관계없이 가슴 벅찬 대상에 주목하도록 한 사람, 낙서나 쓰레기나 얼굴을 찌푸린 행인같이 부정적인 대상에 주목하도록 한 사람, 그냥 운동 삼아 걷도록 한 사람, 이렇게 세 집단으로 분류해 이들의 웰빙 지수를 평가 한 것이다. 결과는 마찬가지였다. 가슴 벅찬 대상에 주목하는 사 람은 행복을 느꼈지만, 부정적인 대상에 주목하는 사람은 행복을 덜 느꼈고, 그냥 운동 삼아 걸었던 사람에게는 아무런 변화가 없었다.

　지금까지 살면서 가장 행복했던 순간을 떠올려보자. 열심히 노력하여 원하던 대학이나 회사에 합격했던 순간, 첫 월급을 받아서 당당하게 부모님께 용돈을 드렸던 순간, 가족이나 친구와 멋진 곳으로 여행을 갔던 순간, 사랑하는 사람과 아름다운 추억을 만들었던 순간, 바라고 바라던 아이가 태어나던 순간 등 돌이켜보면 가슴을 설레게 하는 인생의 순간이 많을 것이다.

　만약 신혼여행 사진을 모아둔 앨범을 자주 들춰보거나 소중한 기억이 담긴 기념품을 여기저기에 두고 수시로 들여다보는 사람이 있다면 행복한 사람일 가능성이 크다. 이렇듯 행복한 사람들은 자신의 부정 정서를 잘 다스릴 뿐만 아니라 긍정 경험을 충분히 음미하면서 행복을 키워나간다.

　음미하기는 과거의 좋은 경험을 떠올리는 것만은 아니다. 당신은 평소 음식을 허겁지겁 먹는가, 아니면 맛과 향을 느끼면서 천천히 먹는가? 길을 걸을 때 무심히 걷는가, 아니면 주변을 자세히 살피면서 걷는가? 등산할 때 오직 정상을 목표로 올라가는가, 아니면 나무와 꽃과 바람을 느끼면서 올라가는가? 저녁에 친구들과 모임이 있으면 아무 생각 없이 기다리는가, 아니면 설레고 흥분된 마음으로 그 시간을 기다리는가?

　만약 이 질문들에서 후자를 택했다면 당신은 이미 충분히 음미하면서 살아가고 있다. 음미하기는 과거를 긍정적으로 돌아보고, 현재를 넉넉하게 즐기며, 미래를 기대하는 모든 것을 가리킨다. 이렇게 하면 내 인생이 얼마나 풍요롭고 행복해지겠는가? 내가 음미하는 순간 평소 하찮고 보잘것없게 여겨지던 것들이 의미 있게 다가온다.

내가 지난 20여 년 동안 긍정심리학을 연구하고 실천하고 가르치면서 가장 강조해온 것 가운데 하나가 바로 음미하기다. 우리나라에서 발간된 심리학 분야 책에서 '음미하기'라는 표현이 등장한 것은 아마도 내 책이 처음이었을 것이다. 그전에는 대부분 '향유하기'라는 표현을 사용했다. 내가 굳이 음미하기라는 표현을 쓰면서 이를 더욱 강조하는 이유는, 삶을 한층 여유 있게 음미하는 자세가 그만큼 심미적 정서로서 긍정 정서를 키워주기 때문이다.

음미하기를 위해서는 세 가지 선행 조건이 필요하다. 첫째, 그 순간에 일어나는 일들에 '지금, 여기(here & now)'라는 느낌을 받아야 한다. 둘째, 사회적 욕구나 자기 존중감 욕구를 제쳐놓아야 한다. 셋째, 현재 경험하는 즐거움에 주의를 기울여야 한다. 복잡하게 여러 가지를 생각하지 않고 특정 대상에 초점을 두고 그것을 감상하는 것이다. 음미의 효과를 높이려면 연합된 정서에 주의를 기울이고 정서에 대하여 생각하며, 어떤 정서인지 확인하는 것이 중요하다. 음미의 경험 단계는 관심, 발견, 관찰, 감상, 음미, 정서 확인이다.

브라이언트와 베로프는 대학생 수천 명을 대상으로 한 실험을 통해 평소 음미하기가 익숙하지 않은 사람들이 음미하기를 증진시킬 수 있는 다섯 가지 방법을 알아냈다.

첫째는 공유하기다. 경험과 기억을 함께 나눌 만한 사람에게 자신이 그 순간을 얼마나 소중히 여기는지 들려주는 것이다. 공유하기는 상대방의 사회적 지지를 통해 내 긍정 정서를 높이는 방법으로, 친구뿐 아니라 전문 지식이나 가치를 나눌 수 있는 사람과 나누어도 좋다.

둘째는 추억 만들기다. 등산길에 작은 돌멩이 하나를 주워오거나, 휴대전화 또는 컴퓨터 바탕화면에 즐거운 순간을 담은 사진을 띄워놓거나, 책상에 친구들과 찍은 사진을 놓아두자. 추억 만들기는 나중에 긍정 경험을 회상할 수 있도록 노력을 기울이는 방법이다.

셋째는 자축하기다. 좋은 일이 생기면 수줍어하거나 기쁨을 억제하지 않고 마음껏 자랑하고 누리자. 실적이 좋거나 발표를 훌륭하게 해냈다면 그 일에 다른 사람들이 얼마나 깊은 인상을 받았는지 되새기고, 결과를 위해 내가 기울인 노력을 스스로 칭찬하고 격려한다.

넷째는 집중하기다. 내가 하는 일에만 집중하고 나머지는 완전히 차단한다. 라면을 끓일 때를 생각해보자. 잠시 한눈팔면 라면이 끓어 넘치거나 다 졸아버린다. 온전히 집중하지 못하면 다른 일에도 지장이 간다. 집중하기는 일의 결과를 사뭇 바꿔놓을 때가 있다.

다섯째는 심취하기다. 지금 무엇을 하든 거기에만 전념하면서 다른 것은 생각하지 않는다. 다른 일을 떠올리거나, 일이 어떻게 진척될지 궁금해하거나, 더 좋은 방법을 궁리하느라 마음을 흩트리지 않도록 한다. 음미하기는 분석하는 것이 아니라 그냥 느끼는 것이다.

과도한 물질주의와 치열한 경쟁에 내몰리며 정신없이 달려온 전반전을 끝내고 남은 후반전을 준비해야 하는 50대에게는 속도 조절이 꼭 필요하다. 빠른 것이 능사가 아니다. 똑같은 시간을 두세 배 효율적으로 사용하려면 음미하기를 익혀야 한다. 여유를 두고 한 박자 느리게 가더라도 선택과 집중으로 나만의 속도를 유지하는 것이 중요하다. 내 삶을 풍성히 채워주는 것은 '더 빨리, 더 높이, 더 멀리'가 아니라 '충분히 느끼면서 음미하기'다.

마음 챙김

•

머리가 맑아지고 몰입에 이르는 지름길

지난 어느 가을날, 나는 아내와 함께 산책하고 있었다. 그런데 아내가 매미 울음소리가 크게 들린다고 했다. 내게는 들리지 않는 소리였다. 의식적으로 소리에 집중했더니 들리기는 하는데, 그 전에 수많은 벌레 소리가 오른쪽 귀를 먹먹하게 했다. 무슨 소리인지 확인하려고 집중할수록 더욱 크게 들렸고, 왼쪽 귀에서도 작게 소리가 들렸다. 나는 직감적으로 그것이 이명증임을 알 수 있었다.

시간이 지날수록 증상이 점점 심해져 집중이 잘 되지 않고 스트레스가 쌓이는 데다 머리까지 멍해졌다. 병원에 가서 진찰받아 보니 역시 이명증이었다. 원인은 신경계통 이상이나 지나친 소음 노출, 기력 저하에 따른 노인성 난청일 수 있으며, 치료 방법으로는 우울, 불안, 수면 장애를 줄이는 약물 복용과 보청기 착용 등이 있다고 했다. 이명증은 많은 사람이 고통받는 질환이지만 원인에 맞는 뾰족한 치료법이 아직 개발되지 않은 병이기에 답답하기만 했다.

나는 이명증이 신체적 문제이긴 하지만 긍정심리와도 관련이 있지 않을까 하여 탐색하기 시작했다. 뇌 기능도 심리와 밀접한 연관성이 있기 때문이다. 그래서 긍정 정서를 더 많이 키워 스트레스를 예방하면서 개입 도구로 마음 챙김 명상을 적용했다. 스트레스는 그것이 발생했을 때 맞서거나 저항하면 강도가 세지는 경향이 있다. 반면 그대로 수용하거나 흘려버리면 강도가 약해지면서 소멸하기도 한다. 그 역할을 긍정 정서가 하게 된다.

내가 적용한 것은 마음 챙김 명상의 세 가지 기본 기술이었다. 이명 증상이 나타날 때마다 오감을 그 순간의 이명 경험과 연결하고, 소리나 단어나 상황에 관해 분석하거나 그것에 휘둘리지 않았으며, 있는 그대로 현상을 바라보면서 나타났다가 사라지도록 내버려뒀다. 감정이 유발될 때도 저항하지 않은 채 그냥 받아들였다. 그러다 보니 이명증으로 스트레스를 받는 경우가 거의 없었다.

'마음 챙김(Mindfulness)'이란 살면서 순간순간 느껴지는 감각, 생각, 감정과 주위 환경을 판단하거나 분석하지 않으면서 편견 없이 중립적인 태도로 그것을 자각하는 과정을 말한다. 자기 생각과 감정을 그저 관찰만 하는 것이다. 우리는 마음 챙김을 통해 현재의 순간에 주의를 집중하며 의식적으로 살아갈 수 있다.

미국 매사추세츠대학교 의과대학 명예교수이자 마음 챙김의 창시자인 존 카밧진(Jon Kabat-Zinn)은 "마음 챙김이란 의도적으로 현 순간에 관해 판단하지 않고 있는 그대로 주의를 기울일 때 일어나는 알아차림이다"라고 정의했다. 마음 챙김 명상은 불교의 전통적인 수행 방법을 현대 심리학과 정신의학에 결합하여 만든 치료법이지만, 지금은 단순히 특정 종교의 수행을 넘어 범죄 예방, 식생활, 행동 중독, 삶의 만족, 정서적 자기 조절, 학업적 성취, 노인 문제 등 다양한 심리 사회적 문제에 접목될 만큼 그 지평이 계속 넓어지고 있다.

마음 챙김을 실천하면 바꿀 수 없는 것을 온전히 받아들이고, 바꿀 수 있는 것을 제대로 알아차리게 된다. 살면서 겪는 특정 사건과 경험이나 교류는 모두 기억에 저장된다. 그리고 그런 일을 의식적으로 떠올릴 때마다 우리는 슬픔, 분노, 불안, 죄책감, 혼란 등의 감정에 휩싸인다. 이때 마음 챙김은 우리의 감각, 생각, 감정에 즉각 반응하지 않고 그 흐름을 스스로 관찰하면서 특정 상황, 특히 우리를 괴롭히는 상황에서의 행동과 반응을 자각하는 능력을 높여준다. 우리는 이를 통해 행동이 어떻게 자신에게 영향을 끼치는지도 배울 수 있다.

코칭 심리학 분야의 세계적 권위자인 호주 시드니대학교 앤서니 그랜트(Anthony Grant) 교수는 마음 챙김 명상에는 세 가지 기본 기술이 있다고 밝혔다. 연결(오감), 분리(생각), 확장(감정)이 그것이다. '연결'은 오감을 활용해 지금 어디서 무엇을 하든 경험과 연결하는 기술이다. '분리'는 생각을 있는 그대로 바라보면서 어떤 상황이 벌어지더라도 휘둘리지 않는 것이다. '확장'은 마음을 열어 감정을 위한 공간을 만드는 기술이다. 부정 감정이든 긍정 감정이든 고통스러운 감정이든 그것을 밀어내려 하지 않고 자유롭게 흘러들게 하면서 그냥 자각하면 된다.

사실 나도 우연한 계기로 마음 챙김 기술을 사용하기 전에는 별로 신중하지 못한 편이었다. 그러다 보니 나 자신이나 주위에 대한 자각이 부족했고, 뜻하지 않게 종종 실수도 저질렀다. 다행히 지금은 실수가 많이 줄었고, 나 자신뿐 아니라 인간관계에서도 좀 더 발전적으로 변화가 이루어졌다. 사람들 대부분은 역경을 맞닥뜨리면 부정적이고 비관적으로 받아들이면서 그것에 저항하려 든다. 하지만 그러면 오히려 스트레스가 강하게 폭발한다. 마음 챙김은 스트레스 반응이 아닌 결과 반응, 즉 어떻게 해결할지에 대한 대응 능력을 키워준다.

마음 챙김은 긍정심리학의 팔마스 중 긍정 정서에서 중요하게 다루는 주제다. 긍정심리 분야에서 가장 권위 있는 비영리단체인 VIA성격연구소에서 개발한 MBSP(Mindfulness based strengths practice), 즉 마음 챙김 기반 성격 강점 프로그램을 바탕으로 한 심리 치료 프로그램들도 긍정심리학은 물론, 긍정심리학을 기초로 하는 긍정심리 치료와 상호 보완적인 역할을 할 수 있다. 나는 2018년 8주 과정인 이 프로그램을 수료했다. 긍정심리 치료는 인간의 감각, 사고, 감정, 행동 등을 다루는 통합적인 치료 프로그램이다. 다음은 긍정심리 치료에서 진행하는 마음 챙김 명상 실습이다.

1. 편안한 자세로 의자에 앉아 양발을 바닥에 두고 양손은 허벅지에 올린 다음 머리와 목, 가슴을 일직선으로 세운다.
2. 자신의 숨을 느낀다. 공기가 몸속으로 들어오고 나가는 것을 의식하고, 숨을 들이마시고 내쉴 때 가슴의 팽창과 수축이 반복되는 것에 집중한다.
3. 숨을 배 속 깊은 곳까지 조심스럽게 들이마시고 내쉬기를 반복한다. 최소 6~8초 간격으로 숨을 쉬고, 이 사이클을 반복한다.
4. 생각을 비우려 억지로 애쓰지 말고 집중을 유지하면서 조용히 머릿속으로 숫자를 센다. 의식이 자연스럽게 다른 곳으로 흐르면 다시 돌아와 집중한다. 이 실습은 집중력 연습일 뿐 아니라 마음 챙김의 출발점이다.

명상은 단순히 마음을 편안하게 만드는 것이 아니라 뇌를 변화시켜 행복을 증진시킨다. 티베트 불교 지도자인 달라이 라마(Dalai Lama)는 강연을 통해 명상 수련을 하면 뇌에 좋은 변화가 일어난다고 말했다. 실제로 오랫동안 명상 수행을 해온 티베트 승려 175명을 대상으로 뇌 연구를 진행한 결과, 그들의 왼쪽 전전두엽의 활동이 오른쪽 전전두엽에 비해 우월한 것으로 나타났다. 오른쪽 전전두피질은 불안이나 우울 같은 부정 정서를 느낄 때 활발한 영역이고, 왼쪽 전전두피질은 낙관적이고 열정적이며 기력이 넘치는 등 긍정 정서 상태일 때 활기를 띠는 부분이다. 왼쪽 전전두엽 활동이 많은 사람일수록 행복할 확률이 높다.

미국 기업 애플(Apple)의 창업자이자 혁신의 대명사인 스티브 잡스(Steve Jobs)는 30년간 매일 명상을 했다. 그는 "생각을 단순하게 만들 수 있는 단계에 도달하면 산도 움직일 수 있다"라고 말했다. 지독한 일 중독자였던 그가 짧은 수면 시간에도 불구하고 창의적이고 혁신적인 발상을 할 수 있었던 데는 20대 때부터 꾸준히 실천해온 명상의 힘이 컸을 것이다.

지금 내 머릿속은 어떤가? 여러 사이트를 동시에 띄워놓은 어지러운 컴퓨터 화면 같지는 않은가? 텔레비전과 라디오와 전축을 한꺼번에 틀어놓아 어떤 소리에 귀기울여야 할지 갈피를 못 잡는 상태는 아닌가? 50대 이전의 삶이 비록 그랬더라도 50대 이후의 삶은 좀 더 편안하고 단순하게 한 방향으로 집중하도록 해야 한다. 여전히 충동적이고 조급하며, 그런 자신을 자각하지 못한 채 산다면 인생 후반전도 전반전과 크게 다르지 않을 것이다.

온갖 걱정으로 머릿속이 복잡해 도저히 무엇에든 몰입하기 힘들다면 마음 챙김에 주목할 필요가 있다. 하루 20분가량의 명상은 6시간 정도의 수면 효과와 맞먹는다고 한다. 하루 20분만 시간을 내서 명상을 계속하면 잠을 푹 자고 일어났을 때처럼 머리가 맑아지고 마음도 편안해져 그만큼 무언가에 몰입하기도 쉬워진다.

Q 나에게 있는 적절하고 유익한 긍정 정서는 무엇일까?

Q 인생 후반전의 행복을 위해 가장 시급하게 증가시켜야 할 긍정 정서
는 어떤 것인가?

▶ '긍정 정서 자가 진단 테스트'로 나의 긍정 정서 지수를 측정해보자.

지난 24시간 동안 어떤 기분이었는가? 전날을 돌이켜보면서 아
래 각 문항들에서 말하는 느낌을 어느 정도나 경험했는지 0부터
4까지의 숫자로 표시해보자. 이 검사 방법은 바버라 프레드릭슨
교수가 개발한 것이다.

* 0=전혀 그렇지 않았다, 1=약간 그랬다, 2=보통이었다, 3=꽤 그랬다, 4=매우 그랬다

1. 웃기거나, 재미있거나, 우스꽝스러운 느낌 _____

2. 화나거나, 신경질이 나거나, 약오른 느낌 _____

3. 수치스럽거나, 모욕적이거나, 망신스러운 느낌 _____

4. 경이롭거나, 놀랍거나, 경탄스러운 느낌 _____

5. 경멸적이거나, 조롱당하거나, 무시당한 느낌 _____

6. 역겹거나, 불쾌하거나, 혐오스러운 느낌 _____

7. 무안하거나, 겸연쩍거나, 부끄러운 느낌 ____

8. 은혜롭거나, 감사하거나, 고마운 느낌 ____

9. 죄책감이 들거나, 후회스럽거나, 비난받은 느낌 ____

10. 밉거나, 증오스럽거나, 의심 가는 느낌 ____

11. 희망적이거나, 낙관적이거나, 기운 나는 느낌 ____

12. 고무되거나, 사기충천하거나, 의기양양한 느낌 ____

13. 흥미롭거나, 관심이 가거나, 호기심이 생기는 느낌 ____

14. 즐겁거나, 기쁘거나, 행복한 느낌 ____

15. 사랑스럽거나, 친밀하거나, 신뢰감이 드는 느낌 ____

16. 자랑스럽거나, 자신감이 들거나, 자부심에 찬 느낌 ____

17. 슬프거나, 우울하거나, 불행한 느낌 ____

18. 두렵거나, 무섭거나, 겁나는 느낌 ____

19. 평온하거나, 만족스럽거나, 평화로운 느낌 ____

20. 스트레스를 받거나, 긴장되거나, 부담스러운 느낌 ____

표시를 다 마쳤다면, 다음과 같이 긍정 정서 비율을 계산해보자.
① 위 질문에서 긍정 정서를 나타내는 10개 항목에 동그라미를 쳐보자.
웃기거나, 경이롭거나, 은혜롭거나, 희망적이거나, 고무되거나, 흥미롭거나, 즐겁거나, 사랑스럽거나, 자랑스럽거나, 평온하거나 등으로 시작되는 항목이 그것이다.
② 이번에는 부정 정서를 나타내는 10개 항목에 밑줄을 쳐보자.
화나거나, 수치스럽거나, 경멸적이거나, 역겹거나, 무안하거나, 죄책감이 들거나, 밉거나, 슬프거나, 두렵거나, 스트레스를 받거

나 등으로 시작되는 항목이 그것이다.

③ 동그라미를 친 긍정 정서 항목 가운데 2점 이상으로 등급을 매긴 항목의 수를 세어본다.

④ 밑줄 친 부정 정서 항목 가운데 1점 이상으로 등급을 매긴 항목의 수를 세어본다.

⑤ 긍정 정서 항목의 합계를 부정 정서 항목의 합계로 나누어 긍정 정서 비율을 계산한다. 만일 부정 정서가 0점이었다면 0으로 나눌 수 없는 문제점을 해결하기 위해 이때는 1로 나눈다.

여기서 나온 결과치가 해당 날짜의 긍정 정서 비율을 나타낸다. 긍정 정서의 황금 비율은 3대 1로, 긍정이 3, 부정이 1이다. 행복하기 위해서는 긍정 정서와 부정 정서의 비율이 3대 1은 되어야 한다는 것이다. 긍정 정서 비율을 높이고 싶다면 이 진단을 자주 해보기를 바란다.

Part 4

인간관계를
새롭게 구축하자

행복한 사람과
불행한 사람의 차이점

마틴 셀리그만과 미국 일리노이대학교 심리학과 명예교수였던 에드 디너(Ed Diener)는 가장 행복한 사람들의 생활 방식과 성격에 관해 공동 연구를 진행했다. 이들은 222명의 대학생을 무작위로 선정하여 여섯 가지 검사를 하고 그들이 느끼는 행복을 엄밀하게 측정한 다음, 그중 가장 행복한 것으로 드러난 상위 10%의 학생들을 집중해서 연구했다.

그 결과, 가장 행복한 사람들에게는 보통 사람들이나 불행한 사람들과 현저하게 다른 점이 하나 있었다. 그들은 대인 관계가 폭넓고 사회생활에서 보람을 느낀다는 점이었다. 가장 행복한 사람들은 혼자 있는 시간이 가장 적고 사회 활동을 하는 시간이 가장 많았으며, 자타가 공인할 만큼 대인 관계가 좋았다.

또한 가장 행복한 사람들로 꼽힌 22명 가운데 한 명을 제외한 모든 학생이 현재 사귀는 사람이 있다고 밝혔다. 경제적으로 조금 여유가 있다는 사실만 다를 뿐, 이들은 부정적이든 긍정적이든 남다른 경험을 하지도 않았으며, 수면 시간, 텔레비전 시청, 운동, 흡연, 음주, 종교 생활에서도 다른 사람들과 그다지 차이가 없었다. 다른 많은 연구 결과를 보면 행복한 사람은 불행한 사람보다 친구가 더 많고, 결혼할 확률이나 단체 활동 참여율도 더 높은 것으로 나타났다.

이처럼 행복한 사람이 다른 사람들과 함께 어울리는 행동은 자연스레 이타주의로 이어진다. 동병상련이라는 말이 있다. 같은 병을 앓는 사람끼리 서로 가엾게 여긴다는 뜻이다. 이 말처럼 어려운 처지에 있는 사람은 자신과 사정이 같은 사람을 애틋하게 바라보고 마음을 열어 이타적으로 대하리라 생각한다.

그런데 조사 결과는 그렇지 않았다. 행복한 사람이 이타심을 발휘할 확률이 훨씬 높았다. 사람은 행복할수록 자기중심적인 사고에서 벗어나고, 다른 사람을 더 많이 좋아하며, 낯선 사람과도 자신의 행운을 나누고 싶어 한다. 이에 반해 고통을 많이 겪은 사람은 타인을 대할 때 방어적인 태도로 임하며, 자기 어려움에 집중하느라 타인에게 관심을 가질 만한 여유가 없고, 오직 자신의 욕구에만 몰두한다. 아이나 어른 할 것 없이 행복한 사람이 더 많은 동정심을 베풀고 어려운 이웃을 돕는 데 적극적이며, 기부도 많이 한다는 사실은 여러 연구를 통해 드러났다.

놀라운 사실은 사업이나 결혼의 성공 및 실패의 원인도 인간관계에 있다는 점이다. 하버드대학교 교수인 A. E. 위건(A. E.

Wiggan)은 사회 각 분야에서 실패한 사람들을 대상으로 한 설문 조사에서 "당신이 실패한 원인이 무엇이라고 생각하는가?" 하고 물었다. 조사 결과 85%의 사람들이 인간관계를 잘못했기 때문에 실패했다고 답했다. 전문 지식이 부족해서 실패했다고 대답한 사람은 15%에 불과했다. 기술이나 수완이 부족해서 사업에 실패하고, 성격이나 가치관이 맞지 않아 결혼 생활이 파탄 나는 것보다 사람을 잘못 이해하고 관계를 소홀히 한 탓에 일을 그르친 경우가 대부분이었다는 것이다.

미국 카네기재단 또한 사회적으로 성공한 사람 1만 명을 대상으로 "당신이 성공한 이유가 무엇이라고 생각하는가?"라는 질문을 던졌다. 이 조사에서도 85%에 달하는 사람들이 인간관계를 잘했기 때문에 성공할 수 있었다고 대답했다. 이외의 비결은 소수 의견에 불과했다. 이렇듯 나 혼자 잘해서 성공할 수 있는 일은 의외로 많지 않다. 주변의 많은 사람이 음으로 양으로 나를 돕고 힘을 보탤 때 우리는 비로소 성공에 이를 수 있는 것이다.

"설령 새벽이라도 마음 놓고 전화해 고민을 털어놓을 만한 친구가 있는가?"

"좋은 일이 있거나 뭔가를 성취했을 때 내 일처럼 진심으로 기뻐해줄 지인이 있는가?"

"곤란한 상황에 놓였을 때 불이익을 감수하면서라도 내 편이 되어줄 동료가 있는가?"

이런 질문에 누군가를 떠올리며 고개를 끄덕일 수 있는 사람은 아무리 고민해봐도 고개를 가로저을 수밖에 없는 사람보다 행복할 가능성이 더 크다. 피치 못하게 역경을 만난다고 해도 이를 극복해내는 힘 또한 훨씬 강할 것이다. 그만큼 인간관계는 행복에 지대한 영향을 미친다.

우리나라의 행복 지수는 매우 낮다. 그 원인으로 여러 가지 이유가 있지만, 타인을 존중하며 더불어 사는 방법보다 서로를 끌어내리고 경쟁하는 방법을 더 많이 가르치고 강요하는 사회적 분위기가 큰 비중을 차지할 것이다. 돈과 명예가 행복을 결정하는 중요한 요소라고 생각하기 때문에 남들보다 많이 벌고 더 높이 올라가기 위해 친구나 동료를 마음을 나눌 대상이 아닌 물리쳐야 할 경쟁자로 보곤 한다. 이런 환경에서 진실한 인간관계를 맺기란 쉽지 않다.

덴마크에서는 오래전부터 다른 사람을 인정하고 존중하는 문화가 만들어져왔다. 남을 존중하고 다른 사람에게 피해를 주지 않아야 한다고 어릴 때부터 집과 학교에서 가장 먼저 배운다고 한다. 이웃과 함께 서로 더불어 사는 법을 배우는 까닭에 일상생활이 즐거울 수밖에 없다.

실제로도 덴마크 국민의 행복 지수는 꽤 높은 편이다. 유엔과 경제협력개발기구(OECD) 등 국제기구에서 정기적으로 조사해 발표하는 세계 각국의 행복 지수 조사에서 덴마크는 항상 상위권을 차지한다. 보통 사람들은 덴마크가 사회 복지가 잘 되어 있어서 행복 지수가 높다고 생각하지만, 덴마크 국민이 꼽는 행복의 비결 중 하나는 다른 사람을 존중하는 사회적 분위기, 즉 사회 구성원 사이의 좋은 인간관계에 있다.

전 세계를 충격에 빠뜨렸던 9·11 테러 당시, 비행기에 타고 있던 사람들은 추락 직전 무슨 생각을 했을까? 남아 있는 재산? 미처 해결하지 못한 일? 아직 이루지 못한 꿈? 사람들은 세계무역센터 건물에 비행기가 날아와 부딪치기 전 하나같이 어디론가 전화를 걸었다고 한다. 부모님에게, 남편과 아내에게, 친구에게 마치 약속이나 한 것처럼 '사랑해'라는 말을 남긴 것이다. 많은 사람이 생애 마지막 순간에 한 일은 다름 아닌 누군가에게 사랑을 전하는 일이었다.

죽음을 앞둔 사람 중 대부분이 가장 많이 후회하는 점 역시 좀 더 사랑하지 못한 것, 좀 더 잘해주지 못한 것, 좀 더 감사하지 못한 것이라고 한다. 아마 누구나 한 번쯤은 사람 때문에 죽을 만큼 행복했거나 죽을 만큼 고통스러웠던 경험을 했을 것이다. 나를 가장 행복하게 하는 것도, 고통스럽게 만드는 것도 사람이다. 인생은 관계의 산물이다.

그렇다면 좋은 인간관계를 만들고 유지할 수 있는 비결은 무엇일까?

1936년에 출간되어 전 세계 사람들에게 읽히며 인간관계론의 바이블로 평가받는 『데일 카네기 인간관계론』에는 좋은 친구가 되고, 어려운 사람을 설득하며, 인간관계를 성공적으로 이끄는 다양한 방법이 소개되어 있다.

먼저 인간관계를 망치는 방법이다. 사람들이 나를 피하고 싫어하게 만드는 법은 간단하다. 나만 보면 피할 뿐만 아니라 나를 조롱하고 심지어 경멸하게 만들려면 다른 사람의 말을 절대로 오래 듣고 있지 않고, 말을 끊고 끼어들며, 끊임없이 내 이야기만 늘어놓으면 된다. 나만 생각하면서 독불장군처럼 안하무인으로 말하고 행동하면 되는 것이다.

반대로 사람들이 나에게 호감을 느끼고 나를 좋아하게 하려면 어떻게 해야 할까? 이 역시 간단하다. 무슨 일을 하든, 어떤 옷을 입든, 외모가 어떻든 상관없이 누군가가 나를 만나 대화를 나누거나 함께 일을 할 때 나로부터 귀한 대접을 받고 있다고 느끼고, 자신은 매우 중요한 사람이라 생각할 수 있도록 만들면 된다. 지위 고하를 막론하고 누구에게나 진실하고 겸손한 자세로 상대를 존중하고 배려하면 된다.

누구나 자신이 중요한 사람으로 인식되기를 바란다. 하찮은 취급을 받고 싶은 사람은 없다. 가족 간에도 마찬가지다. 가족이니까 아무렇게나 대해도 이해하리라는 생각은 큰 착각이다. 어린 자녀에게도 예의를 갖춰야 하고, 후배나 부하 직원을 대할 때도 그가 중요한 사람이라는 인식을 가질 수 있게끔 인정해줘야한다. 다른 사람들이 자신을 귀하게 생각하고 중요하게 여긴다고 느낄 때 우리는 행복을 맛본다. 이런 행복은 생각보다 오래가고 행동에까지 영향을 미친다.

새로운 친구를
만들어야 하는 이유

은퇴한 사람들의 대인 관계는 크게 세 가지 유형으로 나눠볼
수 있다.

첫째는 오랫동안 만나온 사람들을 만나는 유형이다. 학교 친
구나 직장 동료들을 계속해서 만나는 것이다. 허물없고 친근한
이들과 나누는 대화의 상당 부분은 옛날이야기다. 긍정적으로
표현하면 추억을 소환하는 관계이고, 부정적으로 표현하면 과
거에 매여 있는 관계다.

둘째는 될 수 있으면 사람들을 만나지 않고 피하는 유형이다.
회사 다닐 때나 사업할 때 승승장구하다가 은퇴 후에 하는 일 없
이 놀거나 경제적으로 어려운 처지에 놓인 사람 중에 이런 유형
이 많다. 계속 은둔형 외톨이로 지내다 보면 열등감과 우울증 등
에 빠지기 쉽다.

셋째는 새로운 사람들을 만나 후반전의 인간관계를 다시 구

축하는 유형이다. 은퇴 전 하던 일이나 직함이 무엇이었든 관계없이 자신이 할 수 있는 새로운 일을 찾고, 새로운 모임에 나가고, 배움의 끈을 놓지 않는 사람이다. 열정과 호기심으로 제2의 인생을 사는 유형이다.

인생 후반전을 보람 있게 살기 위해서는 직장에서 은퇴했다 하더라도 자신이 할 수 있을 만한 일을 찾아 계속해서 열심히 일해야 한다. 노동은 경제적 가치 그 이상의 것이다.

돈을 벌 수 있어야만 일이 아니다. 자선단체나 종교 단체 활동, 자치단체나 교육기관에서의 자원봉사 같은 일도 있다. 거창한 일이 아니라도 자신의 정체성과 능력을 발휘할 수 있는 일은 얼마든지 있다. 도서관이나 주민센터에 가면 운동을 하거나 공부를 할 수 있는 다양한 프로그램들도 마련되어 있다. 그런 활동과 모임에 참여하면 거기에서 새로운 친구를 만날 수도 있다. 직장 동료들을 대신해줄 사회적 관계가 새롭게 시작되는 것이다.

J씨는 은행 지점장으로 일하다가 은퇴했다. 더 일할 수도 있었지만, 자신이 근무하는 지점에서 작은 금융 사고가 일어났고, 후배를 대신해 도의적 책임을 지느라 갑자기 그만두게 됐다. 성실하고 책임감 강한 사람이라 눈치 보지 않고 호기롭게 퇴사를 결정했으나 막상 은행 문을 나오니 막막하기만 했다. 아직 대학생인 아들을 생각하면 돈벌이를 더 해야 했다. 경력을 살려 중소기업 관련 부서에서라도 일하려고 여러 군데 이력서를 보냈다.

하지만 재취업의 문턱은 높기만 했다. 아직 50대 중반인데 일할 곳이 없다고 생각하니 자신이 한심하게 여겨졌다. 친구들과 은행 선후배들에게서 전화가 걸려와도 받지 않았다. 가까스로 집에서 멀리 떨어진 아파트의 경비원으로 일하게 됐지만, 혹시라도 누가 알아볼까 봐 사람들과 어울리지 않는다. 수십 년간 다니던 교회에도 발길을 끊었다. 사람들이 요즘 뭐 하느냐 물으면 할 말이 없어서다. 새로운 친구를 사귀는 것은 언감생심 꿈도 꿀 수 없는 일이다.

"아내만 보면 주눅이 들고 아들에게도 면목이 없습니다. 친구들과 술 한잔하면서 속내를 털어놓고 싶지만, 그것도 용기가 나질 않아요. 주변에 아무도 없다는 생각이 듭니다."

Y씨는 말단 공무원으로 퇴직했다. 많지 않은 월급이었으나 맞벌이하면서 연금과 적금을 꾸준히 들어둔 덕에 비교적 노후 준비가 탄탄한 편이다. 성격이 활발했던 그는 은퇴 후에 잠시도 쉬지 않았다. 집 근처 성당에서 운영하는 노숙자를 위한 무료 급식소에서 배식하고 설거지하는 자원봉사를 했다. 시청에서 연결해준 독거노인을 찾아가 반찬을 챙겨주고 불편한 곳은 없는지 들여다보는 일도 그의 일과 중 하나다. 주민센터에서 운영하는 탁구 교실에 참여해 또래끼리 경기를 하는 것도 재미있고 흥분되는 일이다.

그러다 보니 돈을 벌 수 있는 기회도 생겼다. 새로 사귄 친구가 하루 두세 시간 건물을 청소하는 비정규직 일자리를 소개해준 것이다. 너무 열심히 산 탓일까? 바쁘게 오가다 넘어져 다리를 다치고 말았다. 간단한 수술을 받은 그는 며칠간 입원해야 했다. 이때 퇴직 후 봉사하고 운동하고 일하면서 알게 된 친구들이 병문안을 와줬다. Y씨는 가슴 벅찬 행복을 느꼈다.

"저는 남에게 칭찬받을 만한 일을 한 게 별로 없어요. 그냥 평범하게 제가 할 수 있는 일을 할 뿐이죠. 그런데 최근에 20~30명의 친구를 사귀었어요. 모두 퇴직 후 새로운 일을 하면서 만난 친구들이죠. 그중 대여섯과는 아주 친해요. 이번에도 매일 병문안을 와줬지요."

J씨는 은행 지점장으로서 번듯하게 살아왔지만, 퇴직과 동시에 뭘 해야 할지 몰라 허둥대면서 점점 깊은 자괴감 속으로 빠져들고 말았다. 지점장으로 지내던 현역 시절의 기억에 머물러 있던 그는 후반전을 위한 설계도, 새로운 관계 형성을 위한 시도도 하지 못하는 상태다.

이에 반해 Y씨는 말단 공무원으로 넉넉하지 못한 생활을 했지만, 현실에 잘 적응하면서 형편에 맞게 후반전을 설계하고 새로운 세계에 자신 있게 도전했다. 긍정 정서로 가득 찬 그는 자신을 필요로 하는 곳에서 뜻밖의 친구들을 만나 흥미진진한 삶을 살아가고 있다.

어떤가? 은퇴 후 당신은 J씨처럼 살기를 원하는가, 아니면 Y씨처럼 살기를 원하는가?

인생의 전반전은 학교와 직장이라는 틀 안에서 살아야 하는 시간이다. 국가와 사회가 만들어놓은 제도적인 틀이다. 그 안에서 만난 사람끼리 인간관계가 형성된다. 하지만 후반전에는 제도권의 틀 안에 갇힐 필요가 없다. 내가 원하는 삶을 위해 내가 선택하거나 스스로 만든 공동체에서 살아가는 시간이다. 이 안에서 만난 사람들과의 인간관계는 전반전에 맺은 인간관계와 다를 수밖에 없다. 따라서 은퇴 후 가장 시급한 일은 새로운 인간관계를 만드는 것이다. 나와 함께 인생의 후반전을 동행할 친구를 만드는 것은 삶의 질을 좌우하는 중요한 일이다.

은퇴하고 나서 손주 돌보는 일에 매여 사는 사람도 많다. 물론 자원해서 손주 육아를 맡으며 보람을 느끼는 사람도 있을 것이다. 그러나 맞벌이하는 자식들의 힘든 사정을 알기에 마지못해서 돕는 경우도 많다. 자식이 여럿이면 여러 명의 손주를 돌아가며 봐줘야 하기에 여간 고단한 일이 아니다. 부모 세대와 자식 세대의 육아 방식과 교육관이 다른 까닭에 잘못하면 손주 육아 문제로 부모 자식 사이에 크고 작은 불화가 생길 수도 있다.

"지금껏 일만 하며 살았으니 은퇴하면 친구들과 여행 다니고 골프 치면서 즐기며 살아야지."

이런 은퇴 계획을 하는 사람들이 있다. 부자가 아니면 이렇게 사는 게 쉽지 않을 것이고, 재력이 있어 가능하다 해도 소비와 향락이 목적인 삶이 과연 무슨 의미가 있겠는가?

"아무것도 하지 않고 종일 먹고 자고 놀면서 마음껏 편하게 남은 시간을 보내고 싶어."

이런 후반전 설계를 하는 사람들도 있다. 창조적이고 생산적인 일은 하나도 하지 않는 것이다. 고인 물은 썩기 마련이고 아무도 그것을 찾지 않는다. 당연히 인간관계는 단절되고 만다.

"잘 들어봐. 나 때는 말이야…"

"어허, 이거 왜 이래? 내가 이래 봬도 왕년에 말이지…"

툭하면 이런 말을 입에 올리는 사람들이 있다. 틈만 나면 과거 무용담을 늘어놓기에 바쁘다. 그런 사람들이 말하는 '나 때'는 흘러간 시절일 뿐이다. '왕년'은 떠나간 세월이고 돌이킬 수 없는 시간이다. 예전에 무슨 일을 했든, 어떤 위치에 있었든 지금 은퇴했다면 그때 일을 잊거나 떠올리지 않으려고 해야 한다. 그 시절 생각에 사로잡힐수록 젊은이들에게 꼰대 취급을 받을 것이고, 사람들에게 폐만 끼치는 인물로 낙인찍힐 것이다.

50대는 지금까지의 인간관계를 꼼꼼히 점검해보고 새로운 인간관계를 맺기 위해 구체적으로 노력해야 할 시기다. 만나서 수다나 떨고 술만 마시면서 과거에 사로잡혀 창조적이고 생산적인 어떤 결과도 만들지 못하는 관계라면 정리하는 것이 좋다.

인생 전반전에는 돈을 벌고 성과를 내기 위한 능력이 중요했다면, 인생 후반전에는 삶을 누리고 즐길 줄 아는 능력이 필요하다. 이 능력은 혼자서는 발휘할 수가 없다. 좋은 인간관계를 통해서만 발휘된다. 은퇴 후 1년간 새로 사귄 친구가 한 명도 없는 사람과 10명이 넘는 사람의 삶의 질이 같을 수 없다. 하물며 10년, 20년 이상의 세월이 쌓인다면 그 결과는 어떻게 되겠는가?

공감 능력이 필수다

　동석 씨는 국내 굴지의 회계 법인에서 일하는 공인회계사다. 업계에서 유능하다는 평가를 받아 중소 규모의 회사에 다니다가 좋은 조건에 부장으로 스카우트됐다. 그는 여기가 자신이 도약할 수 있는 마지막 기회라고 여겼다. 곧 50을 바라보는 나이였기에 최고의 실적을 올려 이사로 승진하여 직장 생활의 끝을 화려하게 마무리하고 싶었다. 그래서 부서원들을 더욱 혹독하게 다그쳤다. 실적이 저조한 것은 무능함과 게으름 때문이라고 굳게 믿었다.

　"김 대리, ESG 활동 영역을 좀 더 세분화하면 우리가 개입할 일이 많아지지 않나?"

　"남 과장은 사람은 참 좋은데 모질지 못해서 탈이야. 확실하게 밀어붙이란 말이야."

　부하 직원들의 이야기를 잘 들어주지 않고 무슨 말이든 변명이라 치부하고 나무라거나 면박을 줬다. 그러다 보니 부하 직원들이 동석 씨를 피하기 시작했다. 그들과 함께 점심을 먹으려 해도 자기들끼리만 가버려 혼자 구내식당에서 밥 먹는 일이 잦았다. 커피를 마시러 휴게실에 가거나 담배를 피우러 옥상에 갈 때면 모여 있던 직원들이 슬금슬금 자리를 피하기까지 했다.

회사에 심상찮은 소문이 돌기 시작했다. 동석 씨가 부하 직원들을 강압적으로 몰아붙이고 막무가내로 부서를 운영하면서 직원들의 불만이 이만저만이 아니라는 것이었다. 그는 특히 요즘들어 직원들이 중요한 업무를 빨리 처리하지 않고 자꾸 미루는 이유를 알지 못해 답답하다. 이러다가 소문이 경영진에게까지 알려지고 부서 실적이 곤두박질치면 사회생활 최후의 꿈이었던 이사 승진에서 탈락할지도 모른다는 불안감에 동석 씨는 하루하루 괴롭기만 하다.

동석 씨에게 왜 이런 일이 벌어진 걸까? 동석 씨의 문제는 무엇일까? 그가 어려움을 겪는 이유는 공감 능력이 부족해서다. 조직에서 일할 때 필요한 사회성 지능은 다른 사람의 감정 경험을 주의 깊게 인식하는 데서 비롯된다. 공감할 줄 모르는 사람은 아무리 개인의 능력이 출중하다 해도 사회성 지능이 떨어지므로 조직 내에 융화되지 못하고 물과 기름처럼 겉돌며 자리만 차지하는 존재로 비칠 수 있다. 우리는 상대방이 슬퍼하거나 분노하거나 당혹스러워할 때 그가 어떤 생각을 하는지 그의 감정 상태가 어떤지를 알아차려야 한다.

공감(empathy)은 대상을 알고 이해하거나 대상이 느끼는 상황 또는 기분을 비슷하게 경험하는 심적 현상을 가리킨다. 상대방 입장에서 그가 경험한 바를 이해하거나 혹은 다른 사람의 처지에서 생각해보는 능력이다.

공감 능력은 타인의 심리 및 정서 상태를 나타내는 신호를 포착하는 힘이다. 공감 능력이 뛰어난 사람은 상대방의 표정, 어조, 몸짓 등 비언어적 요소를 해석해 상대방이 어떤 생각을 하고 어떤 감정을 느끼는지 정확히 감지한다. 이를 이용해 상대방이 나를 좋아하게 할 뿐 아니라 상대방을 기분 좋게 만들 수도 있다. 따라서 공감 능력이 탁월한 사람은 폭넓은 사회적 관계를 맺으면서 많은 사람과 친밀감을 유지한다.

인간관계에서 발생하는 문제의 99%는 공감 능력, 그중에서도 소통 때문에 일어난다. 말을 안 해서 탈이고, 말을 너무 많이 해서 말썽이 일어난다. 또 말뜻을 못 알아들어서 문제가 생기고, 말의 의미를 달리 해석해서 문제가 불거진다. 듣고 싶은 말을 듣지 못해서 답답해하고, 들어서는 안 될 말을 들어서 괴로워하는 것도 모두 소통 문제라고 할 수 있다.

상대에게 공감할 때는 공감적 대화와 공감적 경청 그리고 공감적 반응이 중요하다. 민감한 문제를 해결할 때 상대의 체면을 살려주면서도, 양쪽 모두가 원하는 결과를 얻었다는 뿌듯한 감정을 느끼도록 하며, 상대를 기분 좋게 할 수 있다. 그 결과 상대뿐 아니라 자신도 충만한 행복을 맛보게 된다.

교육과 상담을 하다 보면 가정이나 직장에서 유발되는 심리 문제의 원인 대부분이 소통의 부재인 것을 확인할 수 있다. 공감 능력이 부족한 것이다. 그러다 보니 대화가 제대로 이루어지지 않고 서로 상대를 탓하면서 감정이 상한다.

직접적 소통이든 간접적 소통이든 공감이나 긍정적 반응보다 도전적이거나 부정적 반응이 많다. 예컨대 나에게 불행한 일이 닥치거나 간절히 원하던 것을 얻지 못하게 되었을 때 이를 알게 된 사람이 "그럴 줄 알았어. 어째 그럴 것 같더라니. 너는 그게 한계야"라고 말한다면 나는 심한 모욕감을 느끼며 씻지 못할 상처를 받게 될 것이다. 반대로 상대가 "얼마나 힘드니. 너무 슬퍼하지 마. 다시 시작하면 되지, 뭐. 힘내"라고 반응한다면 나는 위로를 받고 새로운 용기를 낼 수 있을 것이다.

또한 공감적 대화를 위해서는 남성과 여성의 대화 방식에 차이가 있다는 사실을 알아야 한다. 대화할 때 남성은 주로 사실과 정보를 나누는 데 초점을 두는 편이라 정을 나누는 대화나 상대의 감정에 관한 대화를 힘들어하는 경향이 있다. 반면 여성은 감정적 지지를 주고받으며 공감하기를 원한다. 이러한 이유로 공감 능력은 대개 여성이 남성보다 훨씬 뛰어나다고 할 수 있다.

행복한 부부는 먼저 상대방의 의견을 존중해주는 공감 대화법을 재치 있게 활용할 줄 안다. 사소한 일에 병적으로 집착하는 남편과 의견 충돌이 있을 때마다 그의 아내는 이렇게 말한다. "나는 이런 방법이 효과가 있다고 믿어요. 우리는 이제껏 사소한 의견 충돌로 큰 싸움을 벌인 적이 없었으니까요." 또 어떤 아내는 자신감이 부족한 남편에 대해 이렇게 말한다. "남편을 더욱 따뜻하게 대해야겠다는 생각이 들어요." 집요하고 완고한 배우자에 대해 이렇게 말하는 아내도 있다. "남편의 굳은 신념을 존중해요. 그래야 부부 관계가 돈독해질 수 있다고 믿거든요."

그런가 하면 남편의 질투심을 '자기 존재를 소중하게 여기는 징표'라고 이해하는 아내도 있다. 매사 너무 쉽게 결정하는 아내에 대해 이렇게 생각하는 남편도 있다. "처음에는 아내가 경솔해 보였는데, 만일 아내가 그런 태도를 고친다면 우리 부부 관계가 힘들어질 것 같아요." 또한 숫기가 없는 아내를 두고 "내가 밝히고 싶지 않은 나만의 비밀을 억지로 캐내려 하지 않아요. 외려 아내의 그런 점이 저는 좋습니다"라고 말하는 남편도 있다. 공감 대화를 할 줄 아는 지혜로운 부부들의 이야기다.

공감적 경청은 상대방의 말, 의도, 감정을 이해하기 위해 눈높이를 맞추고, 그 사람의 생각과 감정을 마음으로 이해하는 태도를 말한다. 공감적 경청의 기본 원칙은 '정당성 인정'이다. 말하는 사람이 가장 신경 쓰는 점은 자신의 말을 상대방이 이해했는지 여부다. 그러니까 상대방으로부터 "이해해", "무슨 말인지 알아" 같은 반응을 듣고 싶은 것이다. 아울러 듣는 사람이 내 말에 동의하는지, 아니면 적어도 동정하는지도 알고 싶어 한다. 고개를 끄덕이거나 "물론이지", "맞아", "그렇고 말고" 등의 말로 맞장구를 쳐준다거나, 하다못해 "그게 네 탓은 아니지"와 같은 최소한의 동정을 원하는 것이다. 그러니 상대방이 하는 말을 제멋대로 무시해서는 곤란하다. 특히 심각한 문제일수록 상대의 의견을 존중하는 자세를 보이고, 설령 자신이 말할 차례이더라도 될 수 있으면 반대 의견은 삼가는 편이 좋다.

어쩌면 좋은 관계를 맺는 법은 아주 쉬울 수 있다. 나를 만나면 기분이 좋아지고 나를 다시 만나고 싶어지게 하면 되기 때문이다. 그것이 바로 적극적이고 건설적인 '반응 기술'이다. 상대방이 긍정적으로 이야기할 때 반응하는 기술은 크게 네 가지다.

첫째, 적극적이고 건설적인 반응이다. 진실하게 열광적인 지지를 보내면서 미소와 신체 접촉 등을 통해 감정을 표현하고 눈맞춤을 한다. "잘됐다!", "그래서?", "자세히 좀 이야기해봐!" 같은 추임새를 넣으며 질문한다. 이 경우 상대의 기분이 좋아지는 것은 물론, 나에 대한 상대의 우호적 감정도 강화할 수 있다.

둘째, 소극적이고 건설적인 반응으로, 절제된 지지를 보내면서 적극적인 감정 표현을 거의 하지 않는다.

셋째, 적극적이고 파괴적인 반응이다. 이야기의 부정적 측면을 지적하며 찡그리고 인상을 쓰는 등 부정 정서를 표현한다.

넷째, 소극적이고 파괴적인 반응이다. 긍정적인 이야기를 무시하며 눈맞춤조차 하지 않고 고개를 돌려 대화에서 벗어난다.

이 네 가지 중 첫 번째 적극적이고 건설적인 반응 기술이 가장 중요하다. 당신은 상대가 이야기할 때 대체로 어떤 반응을 보이는 편인가?

시간 선물하기의 힘

〈오늘은 좀 매울지도 몰라〉라는 독특한 제목의 드라마가 있다. 2022년 온라인 동영상 서비스(OTT)로 방영되어 잔잔한 화제를 일으킨 작품이다. 주인공은 배우 한석규와 김서형이 맡았다. 40대 후반의 번역가이자 인문학 강사인 창욱과 출판사 대표이자 워킹 맘인 다정은 각자의 영역에서 치열하게 살아가는 도시 부부다. 이들은 다 큰 아들도 있고 생활 환경도 어지간하니 별문제가 없는 가정을 꾸리며 산다. 그런데 어느 날 다정에게 불행의 그림자가 드리운다. 말기 암 선고를 받은 것이다. 다정은 물론 창욱은 이제 어떻게 살아야 할지 눈앞이 캄캄해진다.

창욱은 생의 마지막을 향해 고단하게 발걸음을 옮기는 다정을 위해 밥상을 차리기로 한다. 뭐 하나 제대로 먹지 못하는 아내에게 서툰 솜씨지만 사랑과 정성이 담긴 음식을 먹이고 싶은 것이다. 그러나 그가 할 줄 아는 요리라고는 라면이 전부였다.

그때까지 아내가 차려주던 밥상을 당연한 듯 받아먹던 그로서는 한 끼 밥상을 차리는 일이 밤새 외서를 번역하고 인문학 논문 한 편을 쓰는 일보다 더 어려운 일이었는지도 모른다.

간단한 콩나물국을 끓이더라도 레시피를 보고 따라 해봤지만, 다시 해달라고 하면 어떻게 해야 할지 아무것도 떠오르지 않았다. 도무지 익숙해지지 않는 일에 익숙해져야 한다는 부담이 얼마나 컸는지 모른다. 부엌에 들어서면 언제나 천길 벼랑이 앞을 가로막았다.

창욱이 요리책을 보고 인터넷을 뒤져서 자신의 요리를 하나씩 완성해가는 장면이 이어진다. 그가 부엌에 머무는 시간이 늘어갈수록 요리 솜씨 또한 점차 숙련되어간다. 그러는 사이 잡채, 나물, 전, 국수, 떡국 등이 그의 손에서 완성되어 아내의 입으로 들어간다. 힘겹지만 환하게 웃는 다정은 음식을 먹는 게 아니라 창욱의 사랑을 먹는다. 좋은 재료를 쓰고 정성으로 밥상을 차렸으나 결국 다정은 남편과 아들을 남겨둔 채 세상을 떠난다. 하지만 창욱과 다정은 그들 인생에 있어 짧지만 가장 큰 사랑으로 충만한 시간을 보낸 셈이다.

드라마를 보면서 나는 비중이 큰 조리 과정과 완성된 음식 장면보다 이들이 함께한 시간에 더 주목했다. 이 부부는 단지 음식을 만들고 먹는 데 그친 게 아니라 이를 통해 함께한 추억과 남은 시간을 나누어 먹은 것이다. 메뉴를 구상하고, 장에 가서 재료를 고르고, 부엌에서 조리에 몰두하면서 남편은 오로지 아내만을 생각한다. 남편이 차린 밥상을 비우며 아내는 그동안 두 사람이 먹고 마시며 치열하게 함께 살아온 아름다운 시간을 소환한다. 얼마 남지 않은 삶의 시간을 오롯이 서로에게 집중하며 이 땅에서의 사랑을 완결 지은 것이다.

많은 사람이 타인을 위해 살기보다 자신을 위해 자기중심적으로 살아간다. 그러다 보니 부부 간 관계, 자녀와의 관계, 친구와의 관계가 소원해진다. 이 같은 현상은 나이가 들수록 점점 심화한다. 대부분 무신경하게 익숙한 방식대로 사는 탓이다. 젊은 시절 열심히 노력해서 중년 이후 사회적으로는 어느 정도 위치에 올라서지만, 가족과는 남남처럼 냉랭해져 결국 부부 관계는 실패로 귀결되는 모습을 주위에서 어렵지 않게 볼 수 있다. 성공이나 물질적 보상을 일상의 행복이나 따뜻한 인간관계보다 더 중요하게 생각하기 때문에 벌어지는 일이다.

우리에게는 화려하고 대단한 외적 보상보다 작지만 나눌 수 있는 소중한 내적 선물이 있다. 그것은 바로 시간이라는 선물이다. 상대방을 위해 내 시간을 기꺼이 내어주는 것이다. 시간의 선물에는 사랑, 배려, 공감, 소통, 존중이 모두 담겨 있다.

최근 나와 불편한 관계에 있는 사람을 한번 떠올려보자. 그리고 그 이유를 찾아보자. 아마도 대부분 상대가 필요로 할 때, 상대가 원할 때 내가 함께하지 못했기 때문일 것이다. 다시 말해서 그들이 나와 시간을 함께하고자 했으나 내가 흔쾌히 시간을 선물하지 못해서 그들과 불편해진 것이다.

"작년 크리스마스 때 은퇴를 결심했습니다. 처형이 세상을 떠나면서 아내가 홀로 보내는 시간이 많아졌거든요. 처형은 아내에게 최고의 친구였어요. 하지만 이제는 처형이 아내 곁에 없으니 제가 아내와 함께 있어야겠다는 생각이 들었습니다."

2013년 5월, 축구계의 최고 명장으로 손꼽히는 맨체스터 유나이티드의 전 감독 앨릭스 퍼거슨(Alex Ferguson)이 돌연 은퇴를 선언하며 남긴 말이다. 무려 27년 동안 팀을 명문으로 이끈 그가 은퇴를 결심한 이유는 딱 하나, 그의 아내 때문이었다. 그의 은퇴를 아쉬워하면서도 많은 사람이 그가 남긴 말에 깊은 감명을 받았다.

현대인은 너나없이 분주하다. 그래서 가족을 사랑하면서도 정작 가족과 함께 보내는 시간은 적은 편이다. 물론 늘 함께 있지는 못 해도 가족을 위해 자신의 시간 대부분을 쓰고 있을 것이다. 아침부터 밤늦게까지 일하는 것도, 때로는 남들 쉬는 주말에 출근하여 땀 흘리는 것도 결국 사랑하는 가족과의 행복을 위해서다.

하지만 남편과 아내, 부모와 자식은 서로 긴밀한 관계를 원한다. 필요할 때 함께 있기를 바라고, 자신의 이야기에 공감해주기를 원한다. 이러한 가족의 바람을 무시하거나 대수롭지 않게 여기면 관계의 균형이 깨진다.

내가 진행하는 강의에는 다양한 사람이 참여한다. 그중에는 고위 공직자나 대기업 임원도 있다. 그들과 이야기를 나누다 보면 젊었을 때는 가정을 돌아볼 틈도 없이 앞만 보며 질주하다가 나이 먹어서야 일과 가정의 균형이 얼마나 중요한지를 깨달았다고 고백하는 경우가 많다. 성공을 위해 달려오는 동안 가정에서 자신의 자리가 없어졌다는 사람도 있었다.

몇 년 전 한 중견기업에서 임원들을 대상으로 교육할 때였다. 그중 눈에 띄는 사람이 있었다. 누구보다 능력 있고 회사에 대한 충성도가 높은 임원이었다. 그는 일찍부터 경영진에게 인정을 받아 전무 자리에 오를 때까지 한 번도 승진에서 탈락한 적이 없었을뿐더러 매번 뛰어난 성과를 올려 동료들의 부러움을 한 몸에 받았다. 마침내 그가 전무로 승진하던 날이었다. 여기저기서 쉴 새 없이 축하 전화가 걸려왔다. 근무지가 지방이다 보니 그는 토요일이 되어서야 서울 집에 갈 수 있었다. 가족에게 줄 선물까지 챙겨서 기분 좋게 집에 도착했다. 자신의 승진 소식을 미리 알렸기에 가족 모두 축하해주리라 생각했다. 그럴싸한 잔칫상까지 기대했을 것이다.

그런데 집안 분위기는 기대와 딴판이었다. 썰렁하기만 했다. 거실에서 즐겁게 텔레비전을 보고 있던 아이들은 그가 집에 들어서자 건성으로 인사만 하고는 각자 자기 방으로 들어갔다. 아내 역시 영혼 없는 축하 인사 뒤에 뼈 있는 한마디를 덧붙이고는 사라져버렸다.

"상무일 때도 얼굴 보기 힘들었는데, 이제 전무가 되었으니 얼굴조차 까먹게 생겼네."

그는 오랜만에 가족과 시간을 보내고 싶어 이틀의 휴가까지 내고 집에 갔으나 그것은 본인 생각일 뿐, 아내와 아이들은 자기들끼리 있는 시간이 더 즐겁고 편안한 듯했다. 그는 가족을 위해 자신을 희생해왔다고 생각했는데, 가족은 자신이 없는 삶에 익숙해졌다고 생각하니 화가 나서 견딜 수 없었다. 그는 그길로 집을 나와 근처 포장마차에 가서 홀로 소주만 들이켰다고 한다.

50대에는 시간을 선물하는 방법을 배워야 한다. 사랑하는 사람에게 내 시간을 나누는 일에 익숙해져야 한다. 내가 먼저 시간을 선물해야 상대방도 나에게 시간을 선물한다. 인생에서 사랑하는 사람과 함께하는 시간보다 더 중요하고 소중한 것은 없다. 시간은 유한하며 돈으로도 살 수 없는 까닭이다.

많은 사람이 나이가 들면 가족 관계, 그중에서도 배우자나 자녀와의 관계 개선을 포기하려고 한다. 서로가 불편하고 어렵기 때문이다. 그러나 진정한 행복을 원한다면 진심 어린 마음으로 가족들에게 시간을 선물하고 그것을 통해 관계를 개선하려고 노력해야 한다. 나는 가정 파탄 직전까지 다다랐을 무렵 아내와 아들에게 시간 선물하기를 실천하기 시작했다. 처음에는 다소 저항이 있었지만, 포기하지 않고 2년 동안 실행한 결과 지금은 가장 행복한 가정으로 변화했다.

여론조사 및 컨설팅 기업인 갤럽이 조사한 바에 따르면, 행복한 사람은 보통 하루 6시간을 인간관계에 투자한다고 한다. 24시간 중 잠자는 시간을 제외하고 6시간이면 결코 적은 시간이 아니다. 시간 선물하기는 하면 할수록 좋다. 누구와든 많은 시간을 함께하면 관계가 돈독해지고 점점 긍정적인 관계로 변화한다. 또한 그러는 사이 자신도 모르게 이타적인 성품을 가진 사람이 되어 있을 것이다.

행복한 부부 관계의 비결

지현 씨는 우울증으로 오랫동안 상담 치료를 받고 있다. 그녀가 받는 상처는 대부분 남편 때문이다. 그는 항상 아내를 무시하고 함부로 대했다. 자신의 배우자이자 아이들의 엄마이기도 한 아내를 존중하고 배려하는 태도를 전혀 갖추지 못한 사람이다.

"빨리 아무거나 입고 가자. 골라 입는다고 호박이 수박 되나?" 어쩌다 외출이라도 하려 하면 출발 전부터 이런 식으로 면박을 줬다.

"뭘 안다고 자꾸 말대꾸야? 너는 그냥 내가 시키는 대로 하면 돼." 무얼 하든 친절하게 상의하고 의논하는 법 없이 자기 뜻대로만 밀어붙였다.

결혼 후 30년이 지나도록 매사 이렇게 강압적이었다. 자신을 인생의 동반자나 동등한 인격체로 대하지 않고, 부하나 하녀처럼 대하는 남편과 살면서 지현 씨는 점점 나약해지고 무기력해졌다. 말다툼을 벌이기도 지쳐 포기한 상태였다. 부모님이 어렸을 때 돌아가시는 바람에 사랑을 받지 못하고 자란 그녀는 남편의 사랑도 받지 못하고 살아가는 자신이 한심하고 원망스럽기까지 하다.

그녀가 남편에게서 벗어나지 못하는 이유는 경제력이 없고 아이들이 눈에 밟히기 때문이다. 그러다 보니 지현 씨는 마음에 돌덩이 같은 응어리가 생겼다. 심리 치료사 앞에서 온갖 하소연을 다해보지만, 집으로 돌아가면 다시 남편과 맞닥뜨려야 하기에 우울증이 호전되기 어려웠다. 남편만 보면 기운이 빠지고 분노가 솟구치는 탓이다.

중노년층 부부 중에는 지현 씨처럼 가부장적이고 권위적인 남편 때문에 힘들어하는 아내가 많다. 그렇다면 자신의 아내를 무시하거나 함부로 대하는 남편들의 심리 상태는 어떨까? 그들은 과연 행복할까? 아내를 홀대하면서 얻는 남성 우월주의에 만족감을 느낄까? 그나마 젊었을 때는 경제력과 힘도 있으니 그렇게 살 수 있겠지만, 은퇴 후 돈벌이도 못 하고 몸도 예전 같지 않으면 전세가 역전되어 아내에게 구박당하거나 황혼 이혼으로 내몰리기도 한다. 아내만 불행하게 사는 게 아니라 결국은 남편도 불행에 빠지게 된다.

대인 관계 중 가장 중요한 것은 부부 관계다. 다른 사람들과 사이가 좋고 법 없이도 살 호인이라는 말을 듣더라도 배우자와 불화하고 소통이 되지 않는 사람이라면 그의 삶은 행복에서 멀어질 수밖에 없다. 반면 다른 사람들에게는 좀 야박한 평가를 받고 거북한 소리를 듣더라도 가정 안에서 화목하게 지내고 배우자에게 존중받는 사람이라면 그의 삶은 누구보다 행복할 것이다. 젊은 시절에도 마찬가지이지만 나이 들어서는 배우자와의 관계가 무엇보다 중요하다.

긍정심리학의 여러 연구를 종합해보면 결혼한 사람이 그렇지 않은 사람보다 더 행복하다는 사실은 분명해 보인다. 결혼한 사람의 40%가 '아주 행복하다'라고 대답한 데 반해 결혼하지 않은 사람 중 이같이 응답한 사람은 23%였다. 이것은 심리학자들이 조사한 모든 민족과 17개 국가에도 예외 없이 적용된다.

결혼은 행복의 중요한 요소로 꼽히는 직업 만족도, 경제력, 공동체 생활보다 더 강력한 요소다. 미국 호프대학 심리학 석좌교수인 데이비드 G. 마이어스(David G. Myers)는 「미국의 역설(American Paradox)」이라는 탁월한 논문에서 "동등한 입장에서 서로 이끌어주고 평생 허물없이 지낼 수 있는 가장 친한 친구보다 행복을 예측할 수 있는 잣대는 없다"라고 했다. 그가 말하는 가장 친한 친구란 배우자, 즉 내 남편이나 아내를 가리킨다.

우울증은 이와 정반대 상황에서 나타난다. 우울증을 겪는 비율이 가장 적은 사람은 결혼한 사람이고, 그다음으로는 미혼자, 한 번 이혼한 사람, 동거하는 사람, 두 번 이혼한 사람 순이었다.

아울러 사람들이 상심하는 주원인은 중요한 인간관계의 단절이다. 미국인을 대상으로 한 대규모 설문 조사에서 "당신에게 일어난 가장 나쁜 일이 무엇인가?" 하는 질문에 절반 이상의 사람이 '이혼이나 사별'이었다고 대답했다. 젊은이들이 결혼을 기피하면서 갈수록 출산율이 곤두박질치고 게다가 이혼율도 증가하면서 우울증 환자가 급속도로 많아지고 있다. 이는 전 세계 공통 현상이다.

그러나 결혼했다고 해서 '행복 시작 불행 끝'은 결코 아니다. 결혼은 행복으로 가는 문을 연 것에 불과하다. 이후 두 사람이 걸어가는 길에는 예상치 못한 많은 어려움과 걸림돌이 즐비하다. 이를 잘 피하거나 극복하면서 궁극의 행복에 다다르기 위해서는 부단한 노력이 필요하다. 상대방을 이해하고 배려하려는 노력, 내 잘못된 태도와 습관을 고치려는 노력, 배우자의 가족을 존중하고 사랑하려는 노력, 내게 주어진 의무와 책임을 다하려는 노력 등을 계속해야 한다. 단언컨대 이런 노력 없이 저절로 행복이 보장되는 부부 관계란 없다.

셀리그만은 결혼이 자신의 대표 강점을 발휘하는 일상 수단이 될 때 부부는 더 행복해진다고 말한다. 남자가 여자에게, 여자가 남자에게 사랑을 느끼는 것은 바로 상대방이 지닌 강점과 미덕 덕분이다. 그러나 첫눈에 반하게 만드는 장밋빛 사랑은 퇴색하기 마련이어서, 제아무리 소문난 잉꼬부부라 해도 결혼 생활에 대한 만족도는 시간이 지나면 차차 낮아질 수밖에 없다. 처음에는 자신의 마음을 사로잡았던 배우자의 강점을 어느새 당연하게 여기고, 감탄의 눈길로 바라보던 배우자의 행동이 보기 싫어지기도 한다. 신혼 때는 마냥 좋아 보였던 상대의 착실함과 극진함이 어느 순간 답답하게 느껴지고, 한결같은 모습은 심지어 짜증스럽기까지 하다.

나이를 먹고 현역에서 은퇴한 뒤 점차 노년으로 접어들면 언제나 내 곁에 있을 것 같았던 친구도 자식도 하나둘 떠난다. 마지막까지 내 옆에 있어줄 사람은 배우자뿐이다. 남편이나 아내를 위해 돈과 시간과 정성을 쏟는 것은 곧 나 자신에게 돈과 시간과 정성을 쏟는 일이다. 남편이나 아내의 강점과 미덕에 대한 칭찬과 격려를 아끼지 않는 것은 곧 나의 강점과 미덕을 향해 칭찬과 격려를 보내는 일이다.

배우자는 내 인생의 거울이다. 배우자가 나를 보며 환한 웃음을 짓는다면 내 인생은 행복의 동산에 다다른 것이지만, 배우자가 나를 보며 얼굴을 찡그리거나 화를 내거나 눈물짓는다면 내 인생은 불행의 늪에 빠진 것이다.

결혼 생활 전문가인 미국 워싱턴대학교 심리학과 명예교수 존 가트맨(John Gottman)은 이혼할 부부와 그렇지 않은 부부를 예측한 다음, 더 행복한 결혼 생활을 꾸리기 위한 프로그램을 개발했다. 가트맨은 자기 집처럼 아늑함과 편안함을 느끼게끔 꾸민 공간에, 밖에서만 볼 수 있는 투시경을 설치한 '사랑 실험실'을 마련했다. 그리고 그곳에서 주말 내내 하루 12시간씩 수백 쌍의 부부가 생활하는 모습을 지켜보며, 어떤 부부가 이혼할 가능성이 큰지를 알아냈다. 그의 이혼 예측은 90%가량의 정확도를 자

랑한다. 가트맨이 꼽은, 이혼으로 이어지는 부부 갈등의 요인은
다음과 같다.

- 신랄하고 모진 말다툼
- 배우자에 대한 비난
- 경멸감 표시
- 자기방어적인 과민한 대응
- 무조건 배우자의 의견을 무시하는 태도
- 거부하는 몸짓

가트맨은 또한 세월이 흐를수록 행복해질 부부들도 정확하게
예측했다. 이런 부부는 배우자를 위해 하루 평균 한 시간씩 투자
한다. 가트맨이 발견한 행복한 결혼을 유지하는 비결은 다음과
같다. 이 다섯 가지만 잘 실천하면 행복한 부부 관계를 유지할
수 있다.

- 아침에 헤어질 때: 일하러 나가기 전 또는 외출하기 전에 서로 배우
  자의 일과 중에서 한 가지를 알아둔다(2분×5일=10분).
- 저녁에 다시 만날 때와 일과를 마친 뒤: 서로 가볍고 편안한 이야기
  를 나눈다(20분×5일=1시간 40분).
- 애정 표현: 쓰다듬기, 포옹, 키스 등으로 서로 포용할 수 있는 다정한
  분위기를 조성한다(5분×7일=35분).

- 주말 데이트: 부부만의 오붓한 시간을 보내면 정이 더욱 깊어진다(주 1회 2시간).

- 칭찬과 감사: 최소 하루 한 번씩 서로 칭찬하고 감사하는 마음을 전한다(5분×7일=35분).

나에게 묻고 확인하기

Q 나는 새로운 사람을 만나고 새로운 일을 찾고 새로운 것을 배우는 데
　 적극적인가?

Q 나는 누구에게 어느 정도의 시간을 선물할 수 있을까?

▶ '공감 능력 검사'로 나의 공감 능력을 측정해보자.

당신의 공감 능력은 어느 정도인가? 아래 각 문항들에 1부터 5
까지의 숫자로 점수를 매겨보자. 각 문항의 점수를 합한 뒤 긍정
문항 점수에서 부정 문항 점수를 빼면 나의 공감 능력 점수가 된
다. 이 검사는 캐런 레이비치 교수가 개발한 공감 능력 진단 방
법이다.

* 1=전혀 아니다, 2=대체로 아니다, 3=보통이다, 4=대체로 그렇다, 5=매우 그렇다

긍정 문항

• 사람들의 표정을 보면 그가 어떤 감정을 느끼는지 알아챌 수 있다 ＿＿＿
• 누군가 슬퍼하거나 분노하거나 당혹스러워할 때 그 사람이 어떤 생각
　을 하는지 정확히 알 수 있다 ＿＿＿

• 동료가 흥분할 때 그 원인을 꽤 정확히 알아챈다 ____

• 책이나 영화에 쉽게 몰입한다 ____

부정 문항

• 사람들이 느끼는 감정의 원인을 간파하지 못한다 ____

• 사람들이 특정 방식으로 대응하는 이유를 간파하지 못한다 ____

• 배우자나 친구들은 내가 그들을 이해하지 못한다고 말한다 ____

• 동료와 친구들은 내가 그들의 말을 경청하지 않는다고 말한다 ____

긍정 문항 총점 - 부정 문항 총점 = _____ (공감 능력 점수)

검사 결과 12점을 초과하면 당신의 공감 능력은 평균 이상이다.
3점에서 12점 사이라면 평균이고, 3점 미만이라면 당신의 공감
능력은 평균 이하이다.

Part 5

무기력에서
회복력으로

현실 직시의 중요성

•

왜 무기력에 빠지는가

무기력은 무언가를 바꾸기 위해 또는 도전하고 극복하기 위해 여러 번 시도했는데도 반복적으로 실패할 때 학습된다. 무기력에는 체력 저하에 따른 신체적 무기력과 학습에 의한 심리적 무기력이 있다.

1965년 마틴 셀리그만이 발표한 첫 번째 이론이 '무기력 학습'이다. 그는 개를 대상으로 한 실험을 통해 스스로 할 수 있는 일이 하나도 없는 상황에서 전기 충격을 경험한 개의 70%가 점차 수동적으로 변하여 역경에 맞서기를 포기한다는 사실을 발견했다. 무기력을 학습한 것이다. 사람을 대상으로 한 실험에서도 같은 결과가 나왔다.

이후 셀리그만은 13년 동안 연구를 거듭한 끝에 무기력이 학습된 사람들의 특성과 무기력을 극복하는 방법을 찾아냈다. 그것이 바로 '낙관성 학습 이론'이다. 그는 이 이론에서 무기력이 학습된 사람은 비관적 설명양식을 지녔으며, 비관적 설명양식을 낙관적 설명양식으로 바꾸면 무기력을 극복할 수 있다고 주장했다.

낙관성 학습 이론의 핵심 개념은 무기력 학습과 설명양식이다. 설명양식은 어떠한 사건이 일어난 이유를 낙관적이든 비관적이든 스스로 설명하는 방식을 말한다. 사람들은 원인을 설명하는 나름의 방식을 가지고 있으며, 이런 습관을 바탕으로 세상을 이해한다. 그래서 설명양식이란 '마음속 세상'을 비추는 거울과도 같다.

낙관적인 사람과 비관적인 사람은 설명양식이 다르다. 설명양식에는 세 가지 차원이 있다.

첫 번째는 내재성 차원이다. 나쁜 일이 일어났을 때 비관적인 사람은 원인이 자신과 내부에 있다고 설명하는 데 반해, 낙관적인 사람은 원인이 다른 사람과 외부에 있다고 설명한다. 나쁜 일을 남 탓으로 돌리는 것은 책임 회피나 양심의 문제라는 통념이 있다. 하지만 비관적인 사람이나 우울증 환자는 내 탓으로 원인을 돌릴 때 "내가 잘했더라면 실패는 없었을 거야" 같은 자신에 대한 자책감과 죄책감, "역시 나는 그것을 감당할 능력이 안 돼" 같은 무능감, "내 성격이 이 모양인데 뭘 하겠어" 같은 체념을 유발할 수 있다. 물론 무조건적인 '내 탓'이 문제인 것처럼 무조건적인 '남 탓'도 위험하다. 중요한 건 습관적으로 내 탓이라고 여기는 생각을 버리는 것이다.

두 번째는 영속성 차원이다. 나쁜 일이 일어나면 비관적인 사람은 자신에게 나쁜 일이 끊이지 않고 영속적으로 일어난다고 설명하는 반면, 낙관적인 사람은 누구에게나 일어날 수 있는 일시적인 일이고 곧 지나갈 것이라고 설명한다.

세 번째는 만연성 차원이다. 나쁜 일이 일어났을 때 비관적인 사람은 내 삶 전체가 실패했다고 부정적으로 평가하지만, 낙관적인 사람은 한 번의 실패에 불과하며, 내 전체 삶의 일부일 뿐이라고 긍정적으로 평가한다.

설명양식은 무기력 학습을 크게 좌우한다. 낙관적 설명양식은 무기력을 없애지만, 비관적 설명양식은 무기력을 키운다. 우울증의 한 특징인 무기력은 자살을 예측할 수 있는 가장 정확한 요인이다. 자살 가능성이 있는 사람은 현재 자신이 겪는 불행은 영원히 지속될 것이며, 어떤 일을 해도 자신은 불행할 것이라고 확신한다. 그 고통을 끝낼 방법은 죽는 길밖에 없다고 생각하는 것이다.

베트남 전쟁에 참전했던 전 미국 해군 장교 제임스 스톡데일(James Stockdale)은 작전 수행 도중 포로로 잡혀서 악명 높은 하노이 호아로 수용소에 1965년부터 1973년까지 8년간 갇혀 있었다. 그는 수용 기간 수십 차례 가혹한 고문과 핍박을 받았다. 그러나 그는 혹독한 현실을 있는 그대로 받아들이고 극복한다면 반드시 살아서 돌아갈 수 있으리라는 희망을 품은 채 매일 아침 운동과 독서로 회복력을 키웠다. 결국 그는 살아서 풀려났다.

반면 "다음 크리스마스에는 구출될 거야", "다음 추수감사절에는 풀려날 거야" 하고 막연하게 기대하던 사병들은 기다리다 지쳐 대부분 죽음을 맞았다. 막연한 기대가 낳은 불행이다. 가능성이 낮은 막연한 기대는 무기력을 낳고 무기력은 우울증을 키우며, 우울증은 자살 혹은 사망으로 이어질 확률이 높다.

스톡데일이 석방되던 날 한 기자가 그에게 홀로 살아남을 수 있었던 이유가 무엇인지를 묻자 그는 이렇게 대답했다.

"낙관적인 사람들은 다 죽고 현실적인 사람만 살아남았습니다."

낙관성에는 현실적 낙관성과 비현실적 낙관성이 있다. 그 당시 낙관적인 사람은 오늘날 비현실적으로 낙관적인 사람을 말한다. 그 당시에는 낙관성 이론이 탄생하지 않았다.

여기서 '스톡데일 패러독스(Stockdale paradox)'라는 심리학 용어가 생겨났다. 비관적인 현실을 냉정하게 받아들이는 한편, 앞으로는 잘될 것이라는 굳은 신념으로 냉혹한 현실을 이겨내는 현실적 낙관성을 가리키는 말이다. 현실적 낙관성은 객관적 현실을 인정하는 수용을 바탕으로 하고, 반드시 목표를 달성하겠다는 강한 의지를 동반한다. 스트레스 상황을 회피하기만 하는 비관적인 사람에 비해 현실적으로 낙관적인 사람은 통제 가능한 상황에서는 문제를 해결하기 위해 노력하며, 통제 불가능한 상황에서는 융통성 있는 태도로 현실을 받아들인다.

우리는 어디에서 무엇을 하든, 어떤 환경에 놓여 있든, 정도 차이만 있을 뿐 누구나 역경을 겪으며 살아간다. 역경이 닥쳤을 때 어떤 사람은 좌절해서 포기하고, 또 어떤 사람은 새로운 시도를 한다. 위기를 어떻게 받아들이느냐에 따라 대응 방식도 달라지는 것이다.

대부분의 사람은 역경을 겪으면 현실이나 상황을 있는 그대로 받아들이기보다 합리화하거나 부정하거나 막연히 낙관하는 태도를 보인다. 장사가 잘 되지 않아 가게 문을 닫을 지경인데도 "다른 가게도 다 어려워. 정부에서 곧 어떤 지원 방안을 내놓겠지"라고 합리화하거나, "그래도 아직 우리는 견딜 만해. 머지않아 경기가 다시 좋아질 거야"라고 현실을 부정하거나, "그래도 내가 사장인데 그만두고 다른 하찮은 일을 할 수야 없지"라며 체면 타령을 하거나, 수많은 가게가 문을 닫고 사람들이 실직 위기에 처했는데도 막연히 장밋빛 미래를 꿈꾸기도 한다.

이 같은 비현실적 낙관성은 회복력에 전혀 도움이 되지 않는다. 회복력은 미래의 꿈과 비전을 실현하는 것보다 현재의 역경을 극복하고 불확실성을 해결하는 것을 목표로 하는 것이다. 그래서 지금 겪는 위기나 역경에 대한 현실 직시가 먼저여야 한다. 그런 다음 역경을 단호히 받아들이고, 현 상황을 극복하기 위한 대처 방법을 찾아 즉시 변화를 시도해야 한다. 현실을 직시하는 것이 지금 당장은 고통스러울 수 있지만, 궁극적으로는 내 삶과 가정과 일터를 지키는 바탕이 된다.

무기력이 학습된 사람은 대부분 비관적이다. 좋지 않은 일이 생기면 최악의 결과부터 상상한다. 안 좋은 일이 오랫동안 계속되어 자신의 모든 일이 위태롭다고 믿고, 나아가 그것이 다 내 탓이라고 생각하는 경향이 있다.

반면 낙관적인 사람은 세상을 살면서 똑같이 어려운 일에 부딪혀도 비관적인 사람과 정반대로 생각한다. 실패를 겪어도 일시적인 후퇴로 여기고, 그 원인도 이번 일에만 한정된 것으로 본다. 실패의 원인이 내 탓이 아니라 주변 여건이나 불운 또는 다른 사람 때문이라고 생각한다. 나쁜 일이 닥쳐도 현실을 인정해 철저히 대비하며, 당면한 위기를 일시적이고 이겨낼 수 있는 것 혹은 극복해야 할 도전으로 여긴다.

개인 사업을 하는 60대 부부가 있다. 이들은 마흔이 다 된 아들과 함께 산다. 아들은 대학을 나오고도 몇 년간 공부한 끝에 정부에서 시행하는 시험에 도전했다. 결과는 낙방이었다. 그는 해외로 이주해서 새로운 길을 찾겠다며 기술을 배우면서 이민을 준비했다. 하지만 해당국의 정책 변화로 기술 이민이 어렵게 됐다. 부부는 그런 아들이 안쓰러워 대학원에 진학하여 학위를 딴 다음 아버지가 하는 사업 분야에서 일해볼 것을 권했다. 그러나 아들의 반응은 신통찮았다.

이들 부부는 노후 준비가 제대로 되어 있지 않다. 아들을 믿고 학비와 생활비를 꾸준히 지원해왔지만, 언제까지 이럴 수 있을지 막막하다. 어느 날 아들이 친구들과 동업을 하겠다며 집을 담보로 대출을 해달라고 했다. 과연 대출을 해주면 좋을지, 뜬구

름 잡듯 방황만 하는 아들을 언제까지 데리고 살며 지원해야 할지 부부의 고민이 이만저만이 아니다.

50대 이후에는 현실 직시가 특히나 더 중요하다. 자식을 사랑하기에, "부모 역할을 하려면 이 정도는 해야지" 하면서 무리하는 경향이 있기 때문이다. 어려운 사정을 외면할 수 없어 장성한 자녀에게 경제적 지원을 계속하는 것, 어차피 줄 몫이라 생각해 재산을 미리 물려주는 것, 대학 졸업 후 취직하지 못하는 자녀를 데리고 살면서 독립시키지 못하는 것 등은 가능한 삼가야 할 일이다. 중산층 부모의 경우 노후 자금이 넉넉하지 못한 게 현실이다. 냉정하게 판단하지 못하고 마음만 앞서서 무리한 의사 결정을 한다면 감당할 수 없는 어려움이 닥치고 부모 자식 관계에도 상처만 남을 수 있다.

ABC 확인하기

•

무기력과 낙관은 다르다

회복력(resilience)이란 크고 작은 역경과 시련과 실패를 맞닥뜨렸을 때 좌절하거나 포기하지 않고 오히려 이를 도약의 발판으로 삼아 더 높이 뛰어오를 수 있게 하는 마음 근육을 의미한다. 즉 회복력은 역경을 극복하는 힘이며, 마음 근육을 기르고 성장시켜주는 심리적 자원이다.

뜻하지 않은 고난으로 처지나 환경이 밑바닥까지 떨어졌다가도 강한 회복력으로 다시 튀어 오르는 사람들이 있다. 이들은 대부분 원래 있었던 자신의 위치보다 더 높은 곳까지 올라갈 수 있다. 커다란 성취를 이뤄낸 개인이나 조직을 들여다보면 능력과 행운이 겹쳐 아무런 곤경 없이 승승장구한 경우보다 수많은 어려움을 겪으면서도 굴하지 않고 우뚝 일어선 경우가 많다.

회복력의 현대 심리학 연구는 2001년에 시작됐다. 1955년 하와이 카우아이섬에서 태어난 833명을 대상으로 한, 발달심리학자 에미 베르너(Emmy Werener)와 루스 스미스(Ruth Smith)의 실험이 그 시작이었다. 그러다가 본격적으로 연구 성과를 내고 인기를 얻기 시작한 것은 2009년 셀리그만과 그의 제자인 캐런 레이비치 등이 미국 육군의 회복력 전문가 훈련 MRT(Master resilience training)를 실시하면서부터다. 미국 육군과 가족을 대상으로 하는 이 훈련은 현재까지 이어지고 있다.

당시 미국 육군 참모총장이던 조지 케이시(George Casey) 장군은 셀리그만에게 "긍정심리학이 우리에게 해줄 수 있는 것은 무엇입니까?" 하고 질문했다. 셀리그만은 장병들이 트라우마를 경험하면 일어나는 세 가지 증상에 대해 설명했다.

첫째, 심각한 불안과 우울 증상이 나타나며, 이 상태가 지속되면 외상후스트레스장애(PTSD, Post traumatic stress disorder)가 발생한다. 둘째, 심각한 불안과 우울 증상이 나타나지만, 일정한 시간이 흐르면 원위치로 되돌아온다. 셋째, 처음에는 심각한 불안과 우울 증상이 나타나지만, 오히려 더 성장한다. 이를 외상후성장(PTG, Post traumatic growth)이라고 한다. 긍정심리학은 이 세 가지를 모두 해결해준다고 셀리그만은 말했다. 그의 설명을 들은 케이시 장군은 심리적 단련의 열쇠는 회복력이므로 미국 육군 전체를 대상으로 회복력을 측정하고 훈련할 것이라고 응답했다.

군 생활 36개월이 내 인생의 전환점이었기에 나는 누구보다 우리 군을 사랑한다. 그래서 우리 군에 회복력과 그 필요성을 알리고 싶었다. 2013년 나는 대한민국 육군에 MRT 프로그램 도입을 제안했고, 이것이 받아들여져 2017년부터 우리나라 전군 군종장교들에게 회복력 훈련과 안전 자문을 시행하고 있다.

우리는 회복력을 어느 정도 가지고 있을까? 관련 연구에 따르면 대부분의 사람은 자신의 회복력 수준이 매우 높다고 평가한다. 하지만 진실은 기대와 다르다. 갑작스러운 역경이나 트라우마를 의연하게 극복할 만큼 준비된 사람은 극히 드물다. 이는 우리가 역경 앞에서 곧잘 포기하고 무기력하다는 뜻이다.

사람들은 역경을 겪으면 그 역경에 대한 실시간 믿음을 갖는다. 역경에 처할 때 자동적으로 떠오르는 생각을 '실시간 믿음'이라고 한다. 그 믿음에는 역경이 발생한 이유를 찾는 원인 믿음이 있고, 어떻게 될 것인지 결과를 찾는 결과 믿음이 있다. 이런 믿음은 어떤 감정을 느끼고 어떤 행동을 할지를 결정한다. 믿음에 따라 결과도 크게 달라진다. 믿음이 올바르고 합리적이면 문제가 없지만, 대개 왜곡된 믿음을 가지고 있기에 부정 감정을 유발하고 잘못된 결과에 이른다.

긍정심리학에서는 무기력을 극복하고 낙관성을 키워 회복력을 높이는 방법으로 'ABC 모델'을 제시한다. A(adversity)는 역경, 즉 불행한 사건이고, B(belief)는 믿음, 즉 왜곡된 믿음이며, C(consequence)는 결과, 즉 잘못된 결론이다. 역경은 도미노처럼 왜곡된 믿음을 낳고, 이는 잘못된 결과로 연결된다(A-B-C). 우리의 감정과 행동을 촉발하는 것은 우리가 겪는 역경 그 자체가 아니다. 역경에 대한 우리의 자동적 사고에 의해 굳어진 왜곡된 믿음이 감정과 행동을 일으켜 잘못된 결론에 이르게 하는 것이다. 이 악순환의 고리를 끊지 않고서는 낙관성이나 회복력을 키우기 어렵다. 세상은 'A-C'가 아닌 'A-B-C'로 작동하기 때문이다.

실제로 일상에서 ABC 모델이 어떻게 작동하는지 살펴보자.

A(역경): 50대 중반에 위암 진단을 받았다.

B(믿음): "이제 나는 죽을 거야."

C(결과): 두렵고 슬퍼서 매일 운다.

이와 같은 ABC 모델 작동은 비관적인 사람들에게서 나타나는 패턴이다. 그렇다면 낙관적인 사람들에게서는 어떤 패턴이 나타날까?

A(역경): 50대 중반에 위암 진단을 받았다.

B(믿음): "조금이라도 빨리 발견해서 다행이야."

C(결과): 적극적으로 치료하고 더 나빠지지 않도록 식생활을 관리하고 운동을 열심히 한다.

이처럼 역경을 어떻게 믿느냐에 따라 결론이 달라진다. 이 작동 원리를 이해하는 것이 악순환의 고리를 끊는 출발점이다. 역경 극복에 필수적인 회복력을 키우기 위해서는 낙관성 학습의 'ABC 키우기'와 회복력 기술의 'ABC 확인하기'를 이해해야 한다.

ABC 키우기는 낙관성 학습의 설명양식인 비관적 설명양식을 낙관적 설명양식으로 바꾸어 낙관성을 키우는 방법이다. ABC 확인하기는 역경, 믿음, 결과 그리고 믿음과 결과 사이에 연결되는 감정을 확인하는 기술이다. 이것을 사용하면 역경을 겪을 때 생기는 실시간 믿음이 진실한지, 합리적인지, 그 믿음으로 드러나는 감정이 수긍할 만한지, 그 감정에 의해 나타나는 행동이 올바른지를 알 수 있고, 믿음과 결과 사이에 연결되는 감정이 왜 유발되었는지도 파악할 수 있다.

예를 들어 일터에서 지친 몸을 이끌고 집에 돌아왔는데, 배우자가 먼저 퇴근하고도 저녁 밥상을 차릴 생각은 하지 않고 누워서 텔레비전만 보고 있다면 어떤 감정이 들겠는가?

A(역경): 배우자가 일찍 퇴근하고도 저녁 식사를 준비하지 않았다.

B(믿음): 언제나 그렇지 뭐.

C(결과): 화가 났다.

비관적 설명양식이 왜곡된 믿음을 낳고 화를 유발했다. 이를 낙관적 설명양식으로 바꿔보자.

ABC 키우기

A(역경): 배우자가 일찍 퇴근하고도 저녁 식사를 준비하지 않았다.

B(믿음): 몸이 안 좋은가? 아니면 회사에서 속상한 일이라도 있었나?

C(결과): 배우자를 위해 저녁 밥상을 차려 맛있게 먹었다.

ABC 확인하기

A(역경): 배우자가 일찍 퇴근하고도 저녁 식사를 준비하지 않았다.

B(믿음): 나를 무시하는구나.

C(결과): 화가 났다.

이를 보면 화가 난 이유는 배우자가 저녁 식사를 준비하지 않아서가 아니다. 배우자의 그런 행동이 자신의 권리를 침해했다고 해석하기 때문에 화가 난 것이다. ABC 확인하기에서는 믿음과 결과를 아는 것도 중요하지만, 믿음과 결과 사이에 연결되는 감정이 왜 유발되었는지를 확인하는 것이 더 중요하다.

또한 회복력을 방해하는 역경이 무엇인지도 알아야 한다. 역경에 뒤따르는 부정 정서와 행동은 사람마다 그 강도가 다양하고, 역경이 빼앗아가는 회복력 정도 역시 사람마다 다르다. 누군가에게는 역경이 다른 누군가에게는 긍정적 사건일 수도 있다.

ABC 확인하기에서는 믿음과 결과, 즉 B-C 연결 관계부터 파악해야 자기 자신에 대해 정확히 알 수 있다. 사람마다 다르지만, 실시간 믿음을 범주화함으로써 해당 범주의 믿음이 어떤 감정과 행동을 일으킬지 예측하는 것이 가능하다. 이것을 'B-C 연결 관계'라고 한다. B-C 연결 관계를 이해해야만 왜 감정 조절과 충동 통제가 안 되는지, 공감을 못 하는지, 자기 효능감이 떨어지는지를 확인할 수 있다. B-C 연결 관계의 다섯 가지 결과는 다음과 같다.

- 분노(화): 자기 권리에 대한 침해는 분노와 화를 낳는다.
- 슬픔(우울감): 일반적인 상실 또는 자기 가치 상실은 슬픔과 우울감을 낳는다.
- 죄책감: 타인의 권리에 대한 침해는 죄책감을 낳는다.
- 불안(두려움): 미래 위협은 불안과 두려움을 낳는다.
- 당혹감: 타인과의 부정적 비교는 당혹감을 낳는다.

이처럼 B-C 연결 관계의 결과는 모두 부정 정서다. 역경은 보통 부정 정서를 낳기 때문이다.

ABC 확인하기는 회복력 기술의 토대다. ABC 확인하기를 활용하면 힘든 역경도 제대로 파악하고 실시간 믿음을 알아차릴 수 있다. 또한 그 믿음이 어떻게 감정과 행동을 촉발하는지 깨달을 수 있으며, B-C 연결 관계를 참고하면 타인의 반응에 더 깊이 공감하게 된다. 이 기술을 매일 연습하고 역경이 닥친 순간에 떠오른 왜곡된 믿음을 정확히 포착하여 낙관적 설명양식으로 바꾼다면 우리의 일상이 좀 더 편안해질 것이다.

빙산 믿음 찾기

•

사고의 함정에 빠지지 말 것

우리는 정보의 홍수 속에 살아간다. 아침에 일어나 일과를 마치고 다시 잠자리에 들기까지 수많은 정보를 접한다. 우리 뇌는 이를 다 받아들일 수 없다. 따라서 사고 과정에서 일부 정보를 무시하고 단순화하는 지름길을 택한다. 이것이 '사고의 함정'이다. 보고 싶은 것만 보고 믿고 싶은 것만 믿는 것이다. 사고의 함정은 우리 주변 곳곳에 자리하고 있다. 이는 회복력을 방해하고 역경과 스트레스를 다루는 데도 악영향을 끼친다. 사고의 함정에는 여덟 가지 유형이 있다.

첫째, 속단의 함정이다. 관련 정보가 없는데도 미리 가정해서 사고하는 함정이다. 자신감이 넘쳐서 자신의 과거 경험이나 지식을 과신하다 보면 신중치 못하게 속단하기 쉽다. 자주 속단하는 사람에게는 속도가 적이다. 이런 사람은 속도 늦추기를 목표로 해야 한다. 그리고 결론을 내린 근거가 무엇인지, 그 근거가 사실인지 스스로 확인하는 과정도 필요하다.

둘째, 터널 시야의 함정이다. 특정 정보만 생각하고 바라봄으로써 부정적 결과로 직결되는 사고의 함정이다. 여러 정보가 있는데도 일부 정보에 지나치게 주목한 결과 좋지 않은 판단을 하는 것이다. 터널 시야의 함정에 빠진 사람은 역경의 순간을 재검토하면서 큰 그림에 초점을 맞추고, 자기 생각이 전체 상황을 공정하게 판단한 것인지를 자문해야 한다.

셋째, 확대와 축소 함정이다. 일어난 사건을 실제보다 지나치게 크거나 작게 보는 것이다. 인생의 부정적 측면을 확대하고 긍정적 측면을 축소하는 사람은 자신이 사고의 함정에 빠져 있다는 사실을 깨닫지 못한다. 이와 반대로 긍정적 사건을 확대하고 부정적 사건을 축소하는 사람도 있다. 자신이 간과한 부분은 없는지 스스로 자문하면서 균형 감각을 키워야 한다.

넷째, 개인화 함정이다. 문제의 원인이 자신에게 있다고 믿는 사고의 함정이다. 이런 성향은 자기 가치가 상실되었다는 믿음과 더불어 큰 슬픔과 죄책감을 느낀다. ABC 확인하기와 B-C 연결 관계 관점에서 이 사고의 함정을 바라보면 그 이유를 알 수 있다. 문제의 원인에서 자신의 책임과 타인의 책임이 각각 어느 정도인지 자문하는 습관을 키우는 것이 중요하다.

다섯째, 외현화 함정이다. 이는 개인화 함정과 정반대로 문제의 원인이 다른 사람에게 있다고 믿는 사고의 함정이다. 반사적인 외현화에도 역시 결점이 있다. 타인의 부정적 행동만 눈에 보이는 것이다. B-C 연결 관계 측면에서 보면, 외현화 함정에 빠진 사람은 슬픔과 죄책감을 피할 수 있지만 대신 자주 분노한다. 자신의 권리를 침해당했다고 믿기 때문이다.

여섯째, 과잉 일반화 함정이다. 직접적인 관계가 없음에도 모든 것을 일반화하는 사고의 함정이다. 해당하는 어떤 사안에만 집중해야 하는데, 전체를 다 문제시하면 일을 해결하기가 점점 어려워진다. 이런 함정에 잘 빠지는 사람은 사건과 관련된 자신의 행동을 더욱 자세히 관찰할 필요가 있다. 자신이 기정사실로 받아들인 원인보다 더 직접적인 원인이 있지는 않은지 자문해 봐야 한다.

일곱째, 마음 읽기 함정이다. 자신이 아는 것을 상대방도 안다고 믿는 사고의 함정이다. 우리는 주변 사람들이 어떤 생각을 하는지 알고 있다고 믿으며, 그것에 따라 행동한다. 그리고 내 생각도 상대방이 알고 있으리라고 믿는다. 특히 부부가 가장 쉽게 빠지는 함정이다. 이런 함정에 빠진 사람은 타인에게 솔직하고 정확하게 말하면서 질문하는 법을 배워야 한다.

여덟째, 감정적 추론 함정이다. 객관적 증거 없이 자기감정을 토대로 결론을 내리는 사고의 함정이다. 당연히 결과는 부정적으로 나타난다. 감정적 추론 함정에 잘 빠지는 사람은 사실을 외면한 채 감정적으로 평가하고 판단하는 경향이 있는 만큼, 감정과 사실을 구별하는 연습을 해야 한다. 감정적 추론이 아닌 환경의 변화와 상황을 직시하는 연습이 그것이다.

이상 여덟 가지 사고의 함정은 특정 사건에서 동시에 발생하거나 몇 가지가 결합되어 나타나기도 한다. 개인화 함정과 과잉일반화 함정이 주로 동시에 일어나고, 속단 경향이 있는 마음 읽기 함정도 다른 사고의 함정과 자주 결합하곤 한다. 그렇다면 우리는 언제 이와 같은 사고의 함정에 빠질까? 바로 극심한 스트레스를 유발하는 역경에 처할 때다.

나이가 들면 사려 깊고 신중하며 지혜로워져야 하는데, 그렇지 못한 경우가 많다. 세월을 지나오며 쌓인 자기만의 체험과 견문이, 새로운 정보를 받아들이는 유연함을 차단하는 아집이나 독단으로 굳어지는 것이다. 나는 다 알고 있고 매번 옳으며, 내가 가장 현명하다고 생각하면 사고의 함정에 빠질 위험이 크다. 50대 이후 가장 경계해야 할 일이다.

예상치 못한 역경에 처했을 때, 사고의 함정에 빠지지 않는 방법 가운데 하나가 '빙산 믿음 찾기'다. 누구나 세상이 어떻게 작동해야 하는지, 인간관계는 어떠해야 하는지, 자신은 어떤 사람이 되어야 하는지 등에 관한 확고한 믿음을 가지고 있다. 그런 뿌리 깊은 믿음을 '빙산 믿음'이라고 한다. 빙산은 바다를 떠도는 커다란 얼음덩어리를 가리키는데, 겉으로 드러난 부분에 비해 훨씬 큰 얼음덩어리가 바다 밑에 가려져 있다.

ABC 확인하기에서 실시간 믿음이 '표현 믿음'이라면, 빙산 믿음은 내면 깊이 자리한 '기저 믿음'이다. 빙산 믿음은 의식 저 밑에 자리하기 때문에 우리는 그 존재를 깨닫지 못한다. 따라서 자신의 빙산 믿음을 들춰내고, 그것이 언제 유익하고 해로운지 스스로 판단하는 방법을 배워야 한다.

빙산 믿음이 강한 사람은 대체로 성취, 인정, 통제 욕구가 강하다. 긍정적이고 유용한 빙산 믿음은 행복과 성공을 촉진하는 행동을 부추기지만, 부정적이고 무익한 빙산 믿음은 역경에 효과적으로 대응하는 능력을 약화시키고 심각한 정서 장애를 초래한다. 빙산 믿음은 회복력을 약하게 만드는 다음 네 가지 문제를 일으킨다.

첫째, 빙산 믿음은 예기치 않은 순간 활성화되어 부적절한 감정과 반응을 촉발하며, B-C 연결 관계를 단절시킨다. 'B-C 단절 관계'란 실시간 믿음으로는 강렬한 감정과 행동을 설명할 수 없는 상태다. 이렇게 되면 감정이 사건과 어울리지 않고 행동은 부적절해 보인다.

둘째, 활성화된 빙산 믿음은 그 사건에 어울리지 않는 감정과 행동으로 이어진다. 사소한 일이라서 가볍게 넘어갈 수 있는데도 마치 굉장한 일이 벌어진 것처럼 뜻하지 않은 감정이 생겨나거나 이상한 행동을 하게 만드는 것이다. 이는 마음 깊은 곳에 도사린 빙산 믿음 때문이다.

셋째, 상반되는 빙산 믿음은 의사 결정을 어렵게 만든다. 특정 사건이 하나 이상의 빙산 믿음을 활성화하는 경우가 생각보다 많다. 성취 지향적인 빙산 믿음과 인정 지향적인 빙산 믿음이 충돌하면 의사 결정 불능 상태에 빠지기도 한다. 이때는 선뜻 한쪽

손을 들어주기가 어렵다.

50대 중반인 혜민 씨는 교육계에서 인정받는 현직 고등학교 교장이다. 해당 지역 교육감이 퇴직 예정이라 주변에서는 그녀에게 출마를 권하고 있다. 하지만 그녀는 결론을 내릴 수가 없다. 그녀 안에서 두 개의 빙산 믿음이 충돌하고 있기 때문이다. 하나는 여성으로서 사회적으로 성공하고 싶다는 성취 지향의 빙산 믿음이고, 다른 하나는 엄마로서 대학생과 고등학생인 두 자녀를 잘 돌봐야 한다는 안정 지향의 빙산 믿음이다. 자신의 분야에서 꼭 성공하고 싶은 마음과, 엄마의 역할에 충실하여 더 행복한 가정을 만들고 싶은 마음이 대립하는 중이다.

넷째, 빙산 믿음은 점점 더 단단해지고, 그로 인해 자꾸 유사한 감정에 휩싸이게 만든다. 그 감정을 느끼는 것이 당연하지 않은 순간에도 그렇다. 즉 빙산 믿음이 활성화되면 특정 감정을 지나치게 많이 느끼게 되면서 동시에 다른 감정들은 지나치게 적게 느끼게 되는 것이다.

중요한 것은 자신과 타인의 빙산 믿음 찾기다. 의식 밑에 단단히 얼어붙어 있는 빙산 믿음을 탐구하는 일이 불안하고 두려울 수 있다. 하지만 탐구해야만 한다. 빙산 믿음 찾기는 내 안에 있는 핵심 가치들을 명확히 알려주고, 나 자신과 세상에 대한 근저 믿음을 찾아줌으로써 오래전부터 혼란스럽던 감정과 행동 반응을 마침내 이해하도록 도와주기 때문이다.

빙산 믿음을 찾기 위해서는 먼저 ABC 확인하기를 묘사한 후

B-C 연결 관계를 확인해야 한다. 이때 세 가지 주제에 초점을 맞춰야 한다. 첫째, 결과의 강도가 실시간 믿음과 걸맞은지 확인한다. 둘째, 결과의 종류가 실시간 믿음의 범주와 어긋나는지 확인한다. 셋째, 겉보기에는 사소한 것을 도저히 결정할 수 없는지 확인한다.

트라우마 극복하기

•

상처를 딛고 성장으로 나아가는 길

40대 후반의 한 여성 이야기다. 여의도에 있는 금융회사에 다니는 그녀는 한눈에 봐도 총명한 사람이다. 일을 워낙 잘해서 남들보다 일찍 부장이 됐다. 서글서글하고 적극적인 성격 때문에 그녀를 따르는 후배도 많다. 사내에 임원 승진 1순위라는 소문이 퍼진 지 오래다.

그런데 어느 날부터 그녀의 표정이 어두워졌다. 얼굴에 웃음기도 사라졌다. 전혀 하지 않던 어이없는 실수를 자주 저질렀다. 안 하던 지각도 하고 낮에는 앉은 채로 꾸벅꾸벅 졸기도 한다. 대체 그녀에게 무슨 일이 있었던 걸까? 견디다 못한 그녀는 심리 상담실 문을 두드렸다.

"새로 온 부사장님을 보는 순간 온몸이 얼어붙는 것 같았어요. 다 잊었다 싶었던 학창 시절의 악몽이 떠오른 거예요. 고등학생 때니까 30년도 더 전의 일이죠. 아이들이 저를 따돌렸어요.

왕따가 된 겁니다. 도저히 이유를 몰랐어요. 지독한 따돌림에 학교 가는 게 싫을 정도였어요. 아이들이 정말 무서웠죠. 한 일진 아이가 대장이었어요. 그 애가 주동해서 이유도 없이 저를 왕따로 만든 거예요. 부사장님이 그 아이와 무척 닮았더라고요. 까무러치는 줄 알았어요."

사회에서 두각을 나타내던 한 여성이 오래전 트라우마가 되살아나면서 고통을 겪고 있었다. 새로 부임한 부사장이 고등학생 때 자신을 괴롭히던 아이와 닮았다는 이유로 말이다. 부장과 부사장 사이기에 둘은 회사에서 자주 맞닥뜨릴 수밖에 없다. 그때마다 그녀는 학창 시절 트라우마에 시달린다. 고등학생 때 자신을 괴롭힌 그 아이와 부사장은 분명 다른 사람이라고, 부사장을 보면서 그 아이를 떠올릴 필요가 없다고 아무리 자신을 다독여도 해결되지 않는다. 이성으로 감정을 다스리는 일이 쉽지 않은 것이다.

트라우마(trauma)는 '상처'라는 뜻의 그리스어 '트라우마트(traumat)'에서 유래된 말로, 현재의 생각, 감정, 행동에까지 영향을 주는 과거의 부정적 사건 경험을 말한다. 생명을 위협할 정도의 사고, 자연재해, 실패, 고문, 전쟁, 성폭력 같은 사건을 경험하면서 생긴 정신적 외상이다. 특히 감정적 격동기인 청소년기에 겪은 부정적 경험은 오랫동안 뇌리에 남아 이후의 삶에 영향을 끼친다.

트라우마 이후의 반응들은 대부분 나를 보호하기 위한 내적 방어기제의 작동이다. 잊지 않으려 하다 보니 오히려 그 일이 더 떠오르는 재경험이 일어나고, 위험에 대비하기 위해 각성 상태의 증가가 일어나 예민해진다. 감정과 인지에 부정적 변화가 생기며, 같은 일을 반복하지 않기 위해 비슷한 상황을 회피하면서 여러 사회적 상황과 관계로부터 철수하는 쪽을 선택하게 한다. 트라우마 경험 후 강하게 나타나는 부정 감정은 우울증과 불안증이다. 이 부정 감정이 지속되거나 심하게 나타나면 외상후스트레스장애가 된다.

그러나 트라우마가 외상후스트레스장애로만 이어지는 것은 아니다. 외상후성장으로 승화되기도 한다. 충격적인 일을 겪고 난 다음 빠른 회복력을 통해 오히려 더 성장하는 것이다. 심리적으로 성숙한 단계에 접어드는 움직임이다. 세상에 대해 훨씬 깊이 생각할 수 있게 되고, 세계와 관계하는 방식에 있어 큰 전환이 일어나는 심리적 변화를 말한다. 우리는 어떤 역경을 겪으면 거기에서 빨리 벗어나는 데 초점을 맞추지만, 실은 역경을 통해 한 단계 더 나은 삶으로 나아가는 외상후성장에 초점을 맞춰야 한다.

'외상후성장 검사(PTGI, Post traumatic growth inventory)'는 외상후성장 분야의 권위자인 미국 노스캐롤라이나대학교 심리학과 리처드 테데시(Richard Tedeschi) 교수가 개발했다. 문항 중 일부를 살펴보면 다음과 같다.

- 나는 내 인생의 가치를 더 잘 인식하게 됐다.
- 나는 영적인 요소를 더 잘 이해하게 됐다.
- 나는 새로운 인생행로를 설계했다.
- 나는 다른 사람들과 더욱 친밀해진 느낌이 든다.
- 시련을 겪지 않았더라면 얻지 못했을 새로운 기회가 생겼다.
- 나는 인간관계에 보다 큰 노력을 기울인다.
- 나는 내가 생각한 것보다 더욱 강인하다는 사실을 발견했다.

한편 셀리그만은 외상후성장을 위한 다섯 가지 방법을 제시한다.

첫째, 트라우마 자체에 대한 반응을 이해한다. 즉 충격적인 사건을 경험하면 보통 자신과 타인, 미래에 대한 믿음이 산산이 부서지는데, 이는 외상후스트레스장애가 아닌 아주 정상적인 반응이다.

둘째, 불안을 가라앉힌다. 트라우마를 겪으면 가장 강하게 나타나는 감정이 불안, 슬픔, 분노, 죄책감, 수치심 등이다. 그중 트라우마 초기에 가장 큰 고통을 주는 감정은 불안이다. 불안해하는 사람의 사고를 구조화하면 세 가지 특징이 나타난다. 일어나지 않은 일을 파국적으로 생각하는 '재앙화', 사건을 너무 크게 확대하는 '과잉화', 자신에 대한 '과소평가'가 그것이다. 극복할 능력이 충분한데도 할 수 없다며 회피하기 때문에 불안감이 증폭된다.

셋째, 건설적으로 자기 노출을 한다. 트라우마를 감추거나 회피하는 것은 심리적 증상을 악화할 뿐이기 때문에 가족이나 친구에게 트라우마 경험을 솔직하게 털어놓는 편이 좋다.

넷째, 트라우마를 서술한다. 충격적이고 고통스러웠던 경험을 종이에 옮겨 적는 것이다. 경험을 서술하면서 트라우마 자체를 갈림길로 여긴다. 잃는 것이 있으면 얻는 것도 있고, 슬픈 일이 있으면 기쁜 일도 있으며, 약점이 있으면 강점도 있다는 역설에 대한 인식을 높이는 것이다. 그다음 트라우마를 극복하기 위해 자신의 어떤 성격 강점을 활용했는지, 인간관계가 얼마나 개선되었는지, 얼마나 삶에 더 감사하게 되었는지 등을 자세히 서술한다.

다섯째, 도전에 맞서는 강건한 생활신조와 실천적 태도를 명확히 표현한다. 여기에는 회복력이 강한 사람이 되는 방법, 이타적인 사람이 되는 방법, 죄의식 없이 외상후성장 받아들이기, 트라우마 생존자 또는 동정심이 풍부한 사람이라는 새로운 정체성 확립하기 등이 포함된다.

발레리나를 꿈꾸던 한 소녀가 있었다. 그녀는 어느 날 갑자기 가족과 함께 아우슈비츠 강제 수용소로 보내졌다. 그곳에서 그녀의 부모가 살해당했고, 소녀는 부모를 죽인 나치 장교 앞에서 생존을 위해 춤을 추며 기적적으로 살아남았다. 마침내 강제 수용소가 해방되었을 때, 그녀는 시체 더미 위에서 가까스로 구출됐다.

미국으로 이주한 그녀는 과거로부터 꼭꼭 숨어서 살았다. 그러다가 자신처럼 마음의 외상을 입은 사람들을 치료해주는 진로를 선택하여 훗날 존경받는 심리학자가 됐다. 현재 90세가 훨씬 넘은 나이에도 미국 캘리포니아대학교 교수로 재직하면서 임상 심리 치료사로 왕성하게 활동하고 있다. 에디트 에바 에거(Edith Eva Eger)의 이야기다. 그녀는 자신이 쓴 책 『마음 감옥에서 탈출했습니다』에서 이렇게 고백했다.

나는 결코 과거를 바꿀 수 없습니다. 하지만 내가 구원할 수 있는 삶은 있습니다. 바로 나의 삶입니다.

희망 만들기

•

오십, 회복력을 키워야 할 때

중년 이후에는 어느 시점에든 거의 모든 사람이 예상하지 못했던 큰 좌절과 역경을 경험하며, 삶을 뒤흔드는 듯한 혼란과 충격적인 사건을 겪는다. 실직이나 퇴직, 이혼이나 졸혼, 부모나 자녀 등 가족의 죽음, 재해나 사고, 건강 악화, 사업 부도나 도전의 실패일 수도 있다. 이런 사건은 회복력을 강타하는 엄청난 위기이므로 저마다의 회복력 수준에 따라 누군가는 무기력하게 극복하기를 포기해버릴 수도, 또 누군가는 반대로 자기 효능감을 키우고 활력을 되찾아 앞으로 나아갈 방법을 찾아낼 수도 있다.

지난 50여 년 동안 심리학자들은 사람들의 사고 과정이 회복력에 어느 정도 영향을 미치는지, 행복을 얻고 성공을 이루는 데 회복력이 어떤 역할을 하는지, 사람들의 사고 양식이 어떻게 바뀌어야 더 큰 회복력을 만들어내는지에 초점을 맞추어 연구를 진행했다. 역경을 이겨내는 데 필수 요소인 회복력을 키우는 비결 가운데 하나는 '파국적 사고'를 바로잡는 것이다. 파국적 사고란 단순한 생각이나 감정에 기초해 잘못된 결론을 도출해내는 인지적 사고 오류 중 하나를 말한다. 일어날 가능성이 거의 없는 일임에도 일어나리라고 믿는 것이다.

예를 들면 이런 경우다. 직장에서 일하다가 상사에게 심하게 야단을 맞았다. "이토록 나를 모질게 나무라는 걸 보니 그만두라는 말이군. 머지않아 난 해고당하고 말 거야." 그저 업무와 관련하여 잘못을 지적당한 것뿐인데 곧 해고당할 수 있다고까지 생각한다.

아내의 생일날 남편이 아무런 축하의 말도 없이 바쁘다며 서둘러 출근했다. "내 생일을 까먹어? 혹시 다른 여자 생긴 거 아냐? 아, 결국 이렇게 이혼하는 건가?" 날짜를 깜빡했을 뿐인데 배우자의 외도를 의심하고 나아가 이혼까지 상상한다.

아침에 샤워하다가 배가 아파 만져보니 배 속에 뭔가 혹 같은 것이 난 느낌이다. "마침내 내게도 암이 찾아왔군. 올 게 온 거야. 나는 과연 얼마나 더 살 수 있을까?" 단지 배가 좀 아픈 것뿐인데 암에 걸려 곧 죽게 되리라 믿고 충격에 빠진다.

이렇게 불안에 사로잡혀 작은 사건을 놓고도 엄청난 파국을 예상하는 사람이 많다. 이들은 현재의 역경에 몰두하면서 비극적인 사건이 연달아 일어나는 것을 상상한다. 아침에 깨어난 순간부터 잠자리에 들 때까지 종일 걱정과 불안으로 괴로워한다.

우리는 끔찍한 사건이 실제로 일어날 확률을 지나치게 부풀려 생각하는 경향이 있다. 이처럼 마음속에서 끝없이 이어지는 파국적 사고에 빠졌을 때는 각 믿음의 실현 확률을 실제 역경과 대조하여 추산함으로써 비현실의 확률을 단계적으로 낮출 수 있다. 그 확률을 단계별로 하나씩 더 정확히 추산하면 고질적인 파국적 사고에서 조금씩 빠져나오는 것이 가능하다.

인생 전반전을 끝내고 후반전에 들어선 50대야말로 회복력을 키워야 할 적기다. 20~30대에는 실패하거나 역경을 만나더라도 "그래, 나는 아직 젊으니까 충분히 다시 일어설 수 있어!" 하면서 자신감을 가질 수 있지만, 나이 들어서 실패하거나 역경을 만나면 "이 나이에 다시 일어선다는 건 불가능해. 이제 나는 정말 끝났어" 하고 단정하며 무기력에 빠질 위험이 크다. 그러므로 회복력을 키워서 얼마든지 다시 시작할 수 있다는 자신감을 가져야 한다.

회복력은 우리를 소진시키는 힘겨운 문제를 해결하고, 질병을 이겨내며, 원만한 결혼 생활을 하고, 국가적 재난을 겪은 후에도 꿋꿋하게 살아가게 해준다. 어린 시절의 장애물을 이겨내고, 일상적인 역경을 극복하며, 고통스러운 트라우마를 딛고 다시 일어서고, 적극적으로 도전하여 더 넓게 더 멀리 뻗어나가게 해주는 것 역시 회복력이다. "나를 죽이지 못한 것은 나를 더욱 강하게 만든다." 독일 철학자 니체(Friedrich Nietzsche)는 자신의 책 『우상의 황혼』에서 이렇게 말했다. 회복력은 문제가 생긴 부분을 원래의 초기 상태로 되돌려놓는 게 아니라, 대처하고 극복함으로써 더 발전시키고 성장시키는 것이다.

회복력이 높은 사람들의 특징은 다음과 같다.

첫째, 트라우마나 역경에 직면해도 솟아오르는 힘이 있다. 그래서 새롭고 도전적인 경험을 찾아 나선다. 한계에 부딪혀 싸워 이겨야 자신의 범위가 확장된다는 것을 안다.

둘째, 위험하거나 곤란한 상황이 닥쳤을 때도 약해지지 않는다. 실패가 끝이 아니라는 것을 알고 있기에 성공하지 못한다 해도 부끄러워하지 않는다. 실패에서 의미를 찾아내고, 그것을 더 높이 오를 수 있는 수단으로 삼기 때문이다.

셋째, 어려운 상황에 직면했을 때 그것을 외면하거나 회피하려 하지 않고 당당하게 문제를 직시한다. 그리고 생존을 위해 어떤 일이든 감수하며 쉽사리 물러서지 않는다.

넷째, 시스템을 찾아내 활력을 불어넣으면서 문제를 신중하고 철저하게 해결한다.

다섯째, 때로는 걱정하고 의심도 하지만, 그 전에 그것을 어떻게 멈춰야 하는지 알고 있다.

도저히 가망이 없어 보이는 절망적인 상황 속에서도 회복력을 불러일으키는 것은 한 가닥 희망이다. 당장의 현실이 아무리 끔찍하고 불확실해 보일지라도 상황이 나아질 가능성은 얼마든지 있다. 희망은 그렇게 우리를 지탱하면서 절망의 나락으로 떨어지지 않도록 붙잡아준다.

긍정심리학은 희망의 학문이다. 셀리그만은 많은 과학자가 감염병 창궐, 핵전쟁, 인구과잉, 자원 부족, 지구온난화 등을 거론하며 미래를 부정적으로 바라볼 때, 우리가 체계적으로 숙고하면서 세상을 긍정적으로 바라본다면 얼마든지 더 좋은 미래를 맞이할 수 있다고 주장했다. 개개인이 플로리시한 삶을 누리면 미래는 희망으로 가득 찰 수 있다는 것이다.

감정 조절 장애가 있는 50대 초반의 정은 씨는 약물 남용과 불안한 인간관계로 많은 어려움을 겪고 있었다. 남편과는 성격 차이로 이혼했고, 두 아이는 아빠가 키우고 있었다. 그녀는 신체적으로나 정신적으로 심한 혼란을 겪고 있었기에 양육권을 요구할 수도 없었다.

그녀는 치료 과정에서 긍정 정서나 성격 강점, 특히 희망의 효과에 관해 극도의 불신을 나타냈다. 한번은 집단 치료에서 참가자들이 자신이 경험한 긍정 정서에 관해 이야기를 나누었다. 심리 치료사가 침묵하는 그녀에게 말하고 싶지 않으면 그냥 넘어가도 된다고 했음에도 불구하고 정은 씨는 빈정거리는 말투로 불쑥 이렇게 대꾸했다.

"제 결혼 생활은 엉망진창이었어요. 저는 남편에게 정서적으로 학대를 당했어요. 자기는 아니라고 하지만 확실해요. 그래서 어쩔 수 없이 술을 마셨죠. 술로 해결이 안 되면 다른 약을 찾아서 먹었고요. 그렇게라도 해야 겨우 살 수 있었어요. 제 편은 아무도 없었죠. 남편도, 아이들도, 심지어 부모님까지. 제 인생에 긍정적인 거라곤 하나도 없단 말이에요."

순간 분위기가 싸늘해졌다. 집단 치료에 참여한 다른 사람들의 표정도 어두워졌다. 시간이 조금 흐른 뒤에 한 참가자가 부드러운 말투로 조심스레 정은 씨에게 질문을 던졌다.

"그러면 이 집단 치료에는 왜 매주 꼬박꼬박 참석하시나요?"

그러자 정은 씨는 눈물이 그렁그렁한 채 나지막이 대답했다.

"이 치료가 제 유일한 희망이니까요. 그래서 절대로 놓을 수 없는 거예요."

가족과 친구 모두에게 외면당한 채 정서적으로 불안한 삶을 이어가던 정은 씨에게는 사연은 다르지만 비슷한 고통을 겪고 있던 다른 사람들과 함께 치료에 참여하는 그 시간이 유일한 희망이었다.

희망은 심리 치료나 상담에서 매우 중요한 요소다. 사람들은 보통 치료를 받으면 증상이 나아지리라는 희망을 품는다. 심리 치료사는 내담자의 이야기를 경청하고 공감하면서 그에게 희망을 불어넣는다. 내담자가 잘못된 길로 들어서면 계속 노력해보라며 희망을 이야기한다. 내담자에게 희망이 없으면 심리 치료 효과가 크지 않을 수 있기 때문이다. 희망은 심리적 고통을 이겨내는 데 큰 역할을 할 뿐만 아니라 신체적·정서적·심리적 건강과도 밀접하게 연관되어 있다. 희망은 우울증을 치료하는 데 있어 가장 강력한 해독제이기도 하다.

Q 나를 무기력에 빠지게 하는 요소나 환경은 무엇인가?

Q 나는 회복력을 키우기 위해 어떤 노력을 하고 있는가?

▶ '역경 검사'로 나의 역경 대응 능력을 측정해보자.

다음 항목은 살면서 겪는 다양한 상황과 감정을 나열한 것이다. 아래 각 문항들에 해당하는 정도를 1~5점 범위에서 표시해보자. 1점은 그 상황이나 감정을 다루는 일이 어렵지 않은 정도라는 뜻이고, 5점은 극도로 어려운 정도라는 뜻이다. 어떤 항목이 4점이나 5점이라면 그 상황을 다루면서 불행하다고 느낀 적이 언제였는지 구체적인 예를 한번 떠올려보자. 이는 캐런 레이비치 교수가 창안한 검사 방법이다.

* 1=전혀 어렵지 않다, 2=어렵지 않다, 3=보통이다, 4=조금 어렵다, 5=매우 어렵다

극심한 스트레스를 초래하는 사건

| 직장 동료와의 갈등 | 1 2 3 4 5 |
| 직장 상사와의 갈등 | 1 2 3 4 5 |

가족과의 갈등	1	2	3	4	5
친구와의 갈등	1	2	3	4	5
긍정 피드백	1	2	3	4	5
부정 피드백	1	2	3	4	5
성공	1	2	3	4	5
실패	1	2	3	4	5
혼자 시간 보내기	1	2	3	4	5
나를 위한 시간 부족	1	2	3	4	5
직장에서 새로운 책임 맡기	1	2	3	4	5
많은 일을 동시에 즉시 처리하기	1	2	3	4	5
변화에 적응하기	1	2	3	4	5
친교 모임에 참석하기	1	2	3	4	5
직업적 삶과 개인적 삶의 균형 이루기	1	2	3	4	5
노후 준비	1	2	3	4	5
취미 생활	1	2	3	4	5
타인의 부정 감정에 대응하기	1	2	3	4	5
타인의 긍정 감정에 대응하기	1	2	3	4	5

자신의 감정 다루기

분노	1	2	3	4	5
슬픔	1	2	3	4	5
불안	1	2	3	4	5
당혹감	1	2	3	4	5
죄책감	1	2	3	4	5
권태	1	2	3	4	5
좌절감	1	2	3	4	5

수치심		1 2 3 4 5
외로움		1 2 3 4 5
행복 또는 만족		1 2 3 4 5

위의 문항 중 4점이나 5점으로 표시한 항목이 나의 역경이다. 시간을 갖고 그 역경의 패턴을 찾아볼 것을 권한다. 삶의 어떤 영역에서 역경을 더 많이 겪고 있는가? 개인적인 삶인가? 직업적인 삶인가? 아니면 갈등, 시간 관리, 상사와의 관계 등 대응하기 어려운 특정 주제가 있는 역경인가? 그것이 부정적인 감정을 유발하는가? 혹은 긍정적인 감정을 유발하는가? 각 항목에 공통점이 있는가?

나를 가장 힘들게 하는 역경이 무엇이며, 그 원인은 어디에 있는지 그리고 해결 방법은 무엇인지 앞에서 소개한 ABC 키우기와 ABC 확인하기 등을 적용하여 알아보자. 그러면 스스로 역경을 극복하는 방법을 터득할 수 있을 것이다.

Part 6

나만의 강점에
행복의 답이 있다

성격도 바꿀 수 있다

"도저히 이 사람과는 더 못 살 것 같아요. 이혼해야겠어요."

부부 문제 상담을 하다 보면 이렇게 토로하는 사람이 종종 있다. 이유를 물으면 십중팔구 이런 대답이 돌아온다.

"성격 차이 때문이에요. 아무리 이해하려 해도 도무지 맞는 부분이 없어요."

두 사람이 같이 살 수 없을 만큼 성격이 달라 헤어진다는 말이다. 어느 정도로 성격이 안 맞으면 이혼까지 하는 걸까? 얼굴만 떠올리면 미소가 지어지고, 보고 싶은 마음에 잠이 오지 않고, 이름만 불러도 가슴이 쿵쾅거리던 연애 시절에는 서로의 성격을 몰랐을까? 떨리는 마음으로 사랑을 고백하고, 결혼을 약속할 때는 상대의 성격을 파악할 수 없었을까? 신혼의 달콤함에 취하고, 첫아이를 품에 안고 감격할 때는 둘의 성격이 찰떡궁합이었을까?

그렇지 않았을 것이다. 애초에 두 사람은 서로의 성격을 잘 알고 있었을 것이다. 다만 더는 참을 수 없게 되었을 뿐이다. 사랑으로 서로를 인정하고 존중할 마음이 없어진 것이다.

사랑을 무너뜨릴 만큼 강력한 존재인 성격, 도대체 성격이란 무엇일까?

한 개인의 생각, 판단, 감정의 특성을 성격(character)이라고 한다. 이는 삶의 다양한 영역들, 이를테면 가족 관계, 직장 생활, 친구 관계, 종교 생활 등에서 일관되게 나타나는 행동으로 드러난다. 누구는 따뜻한 말을 참 잘하고, 누구는 아주 꼼꼼하며, 누구는 배려심이 남다르다.

사람마다 성격에 차이가 있는 것은 지극히 당연하다. 한 부모에게서 태어난 형제자매도 저마다 성격이 다르고, 심지어 쌍둥이에게서도 성격 차이가 발견된다. 하물며 수십 년 동안 각자 다른 환경에서 살아온 남녀의 성격이 다른 것은 말해 뭐 하겠는가?

'부부가 성격 차이로 이혼한다', '연인이 성격 차이로 헤어진다'는 말에는 하나의 커다란 고정관념이 있다. '성격은 바뀌지 않는다', '성격은 바꿀 수 없다'는 믿음이 그것이다. 상대방이 바뀌지 않고, 내가 바꿀 수도 없으니 관계를 끊는 게 최선이라고 생각하는 것이다. 과연 그럴까?

심리학에서는 오래전부터 성격은 바꿀 수 없는 것이라고 주장해왔다. 대표적으로 1900년대 초반 프로이트는 인간의 성격은 5세 무렵에 결정된다고 주장했으며, 성격을 바꿀 수 있는 인간의 능력에 대해 회의적이었다.

우리가 흔히 사람은 변하지 않는다고 말할 때, 성격을 두고 말하곤 한다. 환갑이 넘은 어른이 초등학교 동창을 만나 다시 수십 년 전 동심으로 돌아갈 수 있는 것도 성격이 변하지 않았기 때문이라고 생각했다. '세 살 버릇 여든까지 간다'는 속담도 마찬가지다. 이 역시 성격은 바뀌지 않는다는 의미다.

최근 들어 심리학에서 다양한 과학 연구를 통해 성격을 바꿀 수 있다는 주장과 근거가 제시되고 있지만, 아직도 기존 심리학을 비롯한 사회 곳곳에는 과거의 고정관념이 만연해 있다.

성격은 개인의 삶 전체에서 매우 큰 비중을 차지한다. 특히 부부 관계에서 더 그렇다. 우리나라는 OECD 국가 가운데 이혼율이 가장 높다. 이혼 사유 중 가장 높은 순위는 성격 차이다. 더욱 심각한 것은 황혼 이혼율이 점점 증가하고 있다는 사실이다. 이것은 성격은 바뀌지 않고, 바꿀 수 없다는 심리학의 오래된 고정관념, 즉 빙산 믿음 때문이다. 성격 차이를 인정하고 성격을 바꾸려고 노력하는 것이 아니라 성격이 달라 도무지 함께할 수 없는 대상으로 상대를 배척하는 것이다. 그렇기에 결혼 후 수십 년간 쌓아온 감정을 이혼으로만 해결하려고 한다. '성격은 충분히, 얼마든지 바꿀 수 있다'는 사실만 인정하고 받아들여도 성격 차이를 이유로 이혼하는 비율을 훨씬 낮출 수 있을 것이다.

나는 긍정심리학자로서 퇴직 이후 후반전을 행복하게 가꾸어야 할 부부들이 성격 차이 때문에 이혼하거나 졸혼을 고려하는 현실에 너무나 안타깝고 마음이 무겁다. 해외여행을 하다 보면 공원에서 손을 잡고 산책하거나 벤치에 앉아 두런두런 이야기 꽃을 피우는 노부부들을 자주 본다. 마음이 포근해지는 아름다운 광경이다.

행복한 노년을 위해 인생의 중립지대에 있을 때 자신의 성격을 제대로 알고 바꾸는 것, 배우자의 성격을 분명히 알고 어떻게 대처해야 하는지를 배우는 것은 대단히 현명한 일이다.

나와 아내도 둘째가라면 서러울 정도로 성격 차이가 컸다. 세상에 우리 부부처럼 성격이 안 맞는 부부가 또 있을까 싶을 정도였다. 긍정심리학을 알기 전에는 서로 많이 싸우고 대립했다. 그러나 긍정심리학을 알게 되면서 우리는 서로의 다름을 인정하고 존중하게 되었고, 행복이 만개한 가정을 만들기 위해 부단히 학습하고 노력함으로써 각자의 성격 강점을 발휘하여 성격 차이를 극복할 수 있었다.

긍정심리학에서는 지금까지 어떤 심리학 분야보다 성격에 관한 연구를 많이 해왔다. 사람은 저마다 여러 가지 성격 특성을 가지고 있는데, 성격 특성에는 긍정 특성과 부정 특성이 있다. 성격 강점은 다양한 성격적·심리적 특성 가운데 특히 두드러지는 긍정 특성을 가리킨다. 이 특성은 개인의 행복은 물론이고 사회 발전에 공헌하는 것이며, 자신이 가장 좋아하고 잘하는 것이기도 하다.

긍정심리학에서 성격 강점을 발견하고 사용하는 방법을 알린 결과, 인간의 성격은 학습과 노력으로 바꿀 수 있음을 증명했다. 이를 교육과 상담을 통해 수강자나 내담자에게 인식시키고 실습했을 때 놀라운 변화가 나타났다. 긍정심리 치료에서는 우울, 불안, 분노 등 정신장애의 원인이 강점 사용 남용과 부족 탓이라고 설명한다.

"당신의 강점은 무엇인가요?"

누군가 이렇게 물었을 때 망설이지 않고 자신의 강점에 관해 이야기할 수 있는 사람은 많지 않다. 미국의 벨 연구소에 따르면 30%가량의 사람들만이 자신의 강점을 알고 있다고 한다.

"당신의 약점은 무엇인가요?"

이런 질문에는 의외로 대답이 쉽게 나온다. 자신의 약점에 관해서는 상세히 알고 있다는 이야기다. 사람들은 살면서 자신의 강점보다 약점을 더 많이 느끼고 의식하기 때문이다.

자녀가 성적표를 가지고 왔다. '영어 수, 사회 미, 과학 우, 수학 가'인 성적표다. 이를 들여다보는 부모의 시선이 가장 오래 머무는 곳은 어디일까? 가장 뛰어난 성적을 보인 영어일까? 아니면 가장 낮은 점수를 받은 수학일까? 한국갤럽에서 학부모들을 대상으로 조사한 바에 따르면 77%의 학부모가 '수학 가'에 시선이 더 간다고 답했다고 한다. 부모들이 자녀를 볼 때도 강점보다는 남보다 못한 약점을 먼저 본다는 것이다.

마틴 셀리그만은 이것을 부정 편향 때문이라고 말한다. 우리가 부정성인 약점과 문제에 중점을 두는 것은 적응적 전략이라는 것이다. 뭔가 잘못되어간다는 것은 불길한 결과를 암시하기에, 역사적으로 봐도 약점과 문제를 잘 알고 해결하는 사람이 생존경쟁에서 유리했다. 하지만 지금은 다르다. 개인이나 조직 모두 약점보다 강점을 잘 활용할 때 어떤 일에서든 좋은 결과를 내고 플로리시해질 수 있다는 것이 여러 연구 결과와 사례에서 입증됐다.

부부 관계에서도 마찬가지다. 서로 잘잘못을 따지는 것은 갈등을 해소하는 게 아니라 더 심각해지도록 부추기는 일이다. 부부 사이에 옳고 그름은 결론이 날 수 없는 문제다. 부부 관계의 가장 중요한 가치는 함께 행복해지는 것, 즉 가족의 행복이다.

성격 차이란 내가 옳고 상대방이 틀렸다고 생각하는 데서 기인한다. 상대의 강점은 보지 못하거나 외면하고 약점만 캐내어 물고 늘어진다. 혹시 자신이 옳다고 주장하며 성격 차이가 나서 못 살겠다고 아우성치고 있다면, 마음을 가라앉히고 상대방의 강점을 찾아서 진심으로 칭찬해보라. 성격 차이로 인한 갈등은 간데없고, 따스한 사랑만이 집 안 가득 남게 될 것이다.

나만의 강점에 집중하라

    성격 강점은 셀리그만과 미국 미시간대학교 심리학 교수를 지낸 크리스토퍼 피터슨(Christopher Peterson)의 오랜 노력으로 만들어졌다. 3,000년 동안 전 세계에 두루 퍼져 있던 200가지 미덕을 찾아 이를 다시 압축한 '6가지 미덕'과, 그 미덕 안에서 찾아낸 1만 8,000개의 강점 가운데서 가려 뽑은 '24가지 강점'으로 구성되어 있다. 하버드대학교 교육대학원 교육심리학 교수이자 다중 지능 창시자인 하워드 가드너(Howard Gardner)는 "셀리그만과 피터슨의 성격 강점 발견은 심리학의 지난 반세기에서 가장 위대한 업적이다"라고 칭송했다. 성격 강점의 유용성을 인정한 것이다. 6가지 미덕과 24가지 성격 강점은 다음과 같다.

- 지혜와 지식: 창의성, 호기심, 판단력(개방성), 학구열, 예지력(지혜)
- 용기: 용감성, 끈기, 정직, 열정

- 사랑과 인간애: 사랑, 친절, 사회성 지능
- 정의감: 팀워크(협동심), 공정성, 리더십
- 절제력: 용서, 겸손, 신중성, 자기통제력
- 영성과 초월성: 감상력(심미안), 감사, 희망, 유머, 영성

　여기서 6가지 미덕은 시대와 지역과 문화를 막론하고 철학자, 종교 사상가 등이 두루 인정한 핵심 가치를 추린 것이다. 이 안에는 도덕적 개념과 선한 품성의 개념이 포함되어 있다.

　24가지 강점은 각각 독립적이며 과학적으로 검증한 것이기에 하나하나가 가치를 지닌다. 그렇다면 그 많은 성격 특성 가운데 긍정심리학자들이 24가지만을 사람의 강점으로 꼽은 까닭은 무엇일까? 셀리그만과 피터슨은 24가지 성격 강점을 선정할 때 특히 다음 사항에 주목했다.

　첫째, 대다수 문화권에서 중요하게 여기는가? 보편성을 중시한 것이다. 예를 들어 철저한 시간관념은 학습에 따라 계발할 수 있으나 대개 다른 목적을 위한 수단이고 모든 문화권에서 중요시하지는 않는다. 자본주의 국가에서는 무척 필요한 강점이지만, 인도나 아프리카 같은 나라에서는 그것의 필요성을 잘 느끼지 못한다. 따라서 강점에서 제외됐다.

　둘째, 목적을 위한 수단으로서가 아닌 그 자체로서 가치가 있는가? 뛰어난 지능이나 철저한 시간관념이 성격 강점이 되지 못하는 이유는 그것이 목적을 위한 수단으로 쓰이기 때문이다.

셋째, 학습을 통해 변화할 가능성이 있는가? 지능이나 절대음감은 후천적 학습에 따라 변화할 가능성이 거의 없다. 그러므로 강점에서 제외된다. 'MBTI'나 'DISC 평가' 같은 성격 유형 검사는 대개 성격을 유형별로 나누고, 그 유형별 성격은 바뀌지 않는다고 본다. 반면 긍정심리학의 성격 강점은 유형이 아니라 정도의 차이를 나타낸다. 세상에는 성자도 악인도 없다. 더 성자 같고 더 악인 같은 사람만 있을 뿐이다. 성격 강점은 환경의 영향으로 바뀌기도 하고, 자신이 원하는 강점은 학습과 노력으로 얼마든지 더 키울 수 있다.

그렇다면 성격 강점과 재능은 어떤 점이 다를까?

성격 강점은 종교와 철학, 선한 성품을 기반으로 한 도덕적 특성인 데 반해, 재능에는 도덕적 개념이 없다. 재능은 어떤 일을 하는 데 필요한, 타고난 혹은 훈련된 재주와 능력일 뿐 도덕적 기준으로 판단할 사항이 아니다. 음악성, 운동 민첩성, 손재주 같은 재능은 훨씬 선천적이고 고정된 것이라 후천적 계발이 어렵고 때로는 그것을 쓸수록 낭비되기도 한다.

반면 친절, 호기심, 감사, 열정 같은 성격 강점은 후천적으로 습득하여 개인적으로 강화할 수 있으며, 자신의 재능을 낭비하지 않고 활용하는 방법을 찾는 데도 도움을 준다. 재능은 그 자체보다 구체적인 성과에 의해 가치를 인정받지만, 성격 강점은 그 자체로 긍정적 가치를 지닌다.

그렇다면 성격 강점의 특성은 무엇일까?

첫째, 성격 강점은 시간과 환경에 상관없이 계속해서 나타나려는 심리적 특성을 가리킨다. 딱 한 번 어디선가 친절이라는 강점을 베풀었다고 해서 인간애가 충만한 사람인 것은 아니다.

둘째, 성격 강점은 그 자체로서 가치가 있다. 또한 대개 좋은 결과를 낳는다. 트라우마나 역경을 겪을 때 자기통제력과 희망 강점을 키우면 그것을 이겨낼 수 있고, 조직에서 창의성과 리더십 강점을 발휘하면 신망을 얻어 승진하기도 한다. 한편 성격 강점은 특정 분야에서 좋은 결과를 낳지 않더라도 그 자체로 소중하다. 우리가 어떤 활동을 하는 것은 만족과 의미를 얻기 위함이지 꼭 긍정 정서나 뛰어난 결과를 얻기 위해서만은 아니다.

셋째, 성격 강점은 우리가 진정으로 갖추고 싶은 정신 상태다. 한 사람이 성격 강점을 발휘한다고 해서 그 주위 사람들이 자신의 강점을 드러낼 기회가 줄어드는 것은 아니다. 도리어 타인이 강점을 발휘하는 것을 보면서 질투가 아닌 부러움을 느끼고 감동과 용기도 얻을 수 있다.

성격 강점이 없는 사람은 아무도 없다. 아직 발휘하지 못했거나 미처 개발하지 못했을 뿐이다. 강점은 자신의 정체성을 파악하고 이해하게 해주는 심리적 도구로써, 누구나 내가 가장 좋아하고 잘할 수 있는 강점을 찾아 곧바로 일상에 적용할 수 있다.

내가 만약 회사 간부이거나 사업장을 운영하는 자영업자이거나 한 가정의 가장이라면 나는 어떤 유형의 리더일까? 문제와 약점을 보완하는 유형인가, 아니면 성과와 강점을 찾는 유형인가? 탁월한 성과를 내고 구성원들을 행복하게 만들 수 있는 리더가 좋은 리더일 것이다. 그렇다면 마땅히 성과와 강점을 찾는 유형의 리더가 조직에 더 필요한 사람이다.

내가 돛단배라고 상상해보자. 불행히도 배에 구멍이 났다. 그 구멍은 나의 약점이다. 구멍에 주의하지 않을 경우 배가 뒤집히거나 가라앉을 수 있다. 따라서 구멍을 막으려고 필사적으로 애써야 한다. 그렇게 해서 구멍을 막았다. 그다음에는 어떻게 될까? 돛단배는 여전히 강이나 바다 한가운데 떠 있다. 설령 구멍을 완벽하게 막더라도 나는 어디로도 가지 못하는 것이다.

돛단배를 앞으로 가게 하는 것은 바로 내가 가진 돛, 즉 나의 강점이다. 전진하려면 돛을 높이 올려야 한다. 인생도 이와 같다. 약점을 막고 보완하는 것만으로는 성과를 낼 수도 행복을 얻을 수도 없다. 강점을 제대로 발휘할 때만 우리는 성과를 내고 또 행복을 얻을 수 있다.

미국 프린스턴대학교 심리학과에서 강의한 줄리언 제인스(Julian Jaynes)는 지인에게 선물받은 희귀한 아마존 도마뱀을 반려동물 삼아 연구실에서 키우기로 했다. 그러나 그 도마뱀은 아무것도 먹지 않았다. 제인스는 무엇이든 먹여보려고 온갖 방법을 다 써보았지만, 도마뱀은 거들떠보지도 않은 채 잠만 잤다.

그러던 어느 날 제인스는 샌드위치를 도마뱀에게 가져다줬다. 역시 별 반응이 없었다. 신문 읽기로 하루를 시작하는 그는 《뉴욕 타임스(New York Times)》를 읽고는 신문지를 아무렇게나 던

져놓았는데, 그게 마침 샌드위치 위에 떨어졌다. 그 순간 도마뱀은 살금살금 기어서 신문지 위로 뛰어오르더니, 그것을 갈가리 찢은 다음 눈 깜짝할 사이에 샌드위치를 먹어 치웠다. 도마뱀은 무엇을 먹기 전에 은밀히 기어가서, 와락 덤벼들어 갈기갈기 찢은 다음에야 먹도록 진화됐다. 그러니까 사냥은 도마뱀의 강점인 셈이다. 자신의 강점을 발휘하고 나서야 식욕을 느낄 정도로 도마뱀에게 사냥이라는 강점은 필수 요소인 것이다.

이 사례는 두 가지 사실을 시사한다. 하나는 도마뱀의 강점을 사전에 알았다면 좋았을 것이라는 사실이고, 다른 하나는 도마뱀에게 행복에 이르는 지름길이란 없다는 사실이다. 인간이 느끼는 온갖 쾌락과 식욕도 갖가지 행동과 결부되어 있다. 이런 행동들은 은밀히 기거나 와락 덮치고 갈가리 찢는 것과 비교할 수 없을 만큼 정교하고 유연한 행동이나, 이를 무시할 때는 상당한 희생이 따른다.

개인의 강점과 미덕을 발휘하지 않고 쉽게 행복을 얻을 수 있다고 믿는 것은 어리석은 일이다. 도마뱀을 굶어 죽게 할 뿐 아니라, 막대한 부를 쌓고도 우울증에 시달리는 사람들을 허탈감에 빠지게 한다. 자신의 강점을 사전에 발견하고 알고 적용하는 것은 그만큼 중요하다.

대표 강점을 연마하라

개인이 지닌 아주 특별한 강점을 '대표 강점(signature strength)'이라고 한다. 최대의 성공과 더없는 만족은 개인의 대표 강점을 연마하고 활용하는 데서 비롯된다. 안락한 삶은 샴페인을 마시거나 고급 승용차를 타고 여행하며 누릴 수 있지만, 행복한 삶은 다르다. 행복한 삶이란 참된 행복과 큰 만족을 얻기 위해 날마다 자신의 대표 강점을 활용하는 삶이다.

이 장 맨 끝부분 '나에게 묻고 확인하기'에 나의 대표 강점을 찾아보기 위한 '성격 강점 검사'를 제시해뒀다. 이 검사를 통해 자신의 대표 강점을 확인할 수 있다. 이 상위 강점들은 대부분 평소 자신의 모습을 가장 잘 나타내는 강점이지만, 그중 쉽게 공감하기 힘든 강점도 있을 수 있다. 그것은 나에게 큰 선물이 될 것이다. 지금까지 몰랐던 자신의 성격 특성을 새롭게 발견하는 것이기 때문이다.

대표 강점은 24가지 성격 강점 중 자신의 성격적 특성이 가장 잘 나타나는 강점이다. 일반적으로 대표 강점은 사람을 이루는 중심이다. 우리는 그것을 쉽게 표출하고, 그것을 표출할 때 스스로 동기 유발이 되고 에너지가 생기는 것을 느낀다.

그렇다고 해서 24가지 성격 강점 중 대표 강점만 중요하다는 말은 아니다. 중간 강점과 하위 강점도 여전히 중요한데, 그 이유는 그것들이 사람의 성격을 조절하는 역할을 하기 때문이다.

대표 강점을 일상에서 자연스럽게 활용하려면 구체적으로 어떻게 연마해야 할까? 대표 강점을 연마하는 다음의 방법을 꾸준히 연습하면서 자신만의 새로운 방법을 고안해보자.

1. 창의성(재능, 독창성)

- 도예, 사진, 조각, 그리기, 채색하기, 글쓰기 수업에 참여한다.
- 예를 들어 의자를 침대로 사용하는 것처럼, 집 안에 있는 물건을 평소와 다른 용도로 사용하는 방법을 찾아낸다.
- 긍정적 경험을 통해 기쁨, 재미, 만족감, 성취감, 자부심, 희망 등의 긍정 정서를 느낀다.

2. 호기심(흥미, 모험심)

- 내가 모르는 주제에 대한 강의를 듣는다.
- 익숙하지 않은 음식을 먹을 수 있는 식당을 방문한다.
- 우리 지역에 새로운 곳을 발견하고, 그곳의 역사에 대해 배운다.

3. 판단력(개방성, 비판적 사고)

- 내가 강력한 의견을 가지고 있는 사안에 대해 그와 반대되는 의견을 펼쳐본다.
- 나의 독선적인 의견이 무엇이며, 어떤 점에서 잘못됐는지 생각한다.
- 과거의 실패나 실망의 원인을 찾아보고, 거기에 어떤 패턴이 있는지, 어떻게 하면 더 나아질 수 있을지 곰곰이 생각해본다.

4. 학구열
- 친구에게 내 지식을 알려줄 수 있는 주제를 찾아보고, 겸손한 태도로 정보를 나눈다.
- 매일 새로운 어휘를 배우고 사용한다.
- 매달 관심 있는 주제에 관한 책을 한 권씩 읽고, 강의도 한 번 듣는다.

5. 예지력(통찰력, 지혜)
- 내가 아는 가장 현명한 사람에 대해 생각해보고, 그 사람처럼 하루를 살아본다.
- 누군가 요청했을 때만 조언을 건네고, 할 수 있는 한 심사숙고하여 행동한다.
- 친구들, 가족 구성원, 동료들 간 논쟁을 해결한다.

6. 용감성(용맹, 용기)
- 집단에서 대중적으로 호응받지 못하는 아이디어도 당당하게 말한다.
- 사회적 압박이나 친구의 압박에 굴하지 않고, 고귀한 가치와 대의를 실행할 수 있는 의미 있는 방법을 택한다.
- 평소 두려움 때문에 잘하지 못했던 일을 한다.

7. 끈기(근면성, 성실성, 인내)

- 만만치 않은 다음 과제를 완수할 수 있는 현실적인 일정표를 짜서 그대로 지켜나간다.
- 꽃을 피우는 식물을 이른 봄에 심어 여름까지 그 수명 주기를 관찰하고, 식물을 돌보며 가꾼다.
- 휴대전화, 텔레비전, 간식, 이메일 체크 같은 것에 마음을 흩트리지 않고 몇 시간 동안 일에 집중한다.

8. 정직(신뢰, 진정성)
- 마음에서 우러나오지 않는 칭찬을 포함하여 친구들에게 선의의 거짓말조차 하지 않는다.
- 진실하고 정직한 행동을 할 때와 그렇지 않은 행동을 할 때 나 스스로 어느 정도의 만족감을 느끼는지 살펴보고, 그 만족도로 나의 정직도를 평가한다.
- 내가 어떤 일을 하려는 동기를 다른 사람에게 말할 때, 진실하고 정직하게 설명한다.

9. 열정(열의, 열망, 활기)
- '왜 해야 하는데?'라는 말보다 '해보는 게 어때?'라고 말하는 빈도를 세 배 늘려본다.
- 일주일에 적어도 두세 번은 운동하고, 내 몸의 에너지가 어떻게 달라지는지 살펴본다.
- 매일 나에게 필요한 것보다 하고 싶은 것을 한 가지씩 해본다.

10. 사랑(사랑하고 사랑받는 능력)
- 부끄러워하지 않고 칭찬을 수용하며, 고맙다고 말한다.

- 사랑하는 사람에게 짧은 편지를 쓰고, 그 사람이 쉽게 발견할 수 있는 곳에 둔다.
- 가장 친한 친구가 정말로 좋아하는 무언가를 함께해준다.

11. 친절(배려, 관대함)

- 이메일이나 편지를 쓸 때 혹은 전화 통화할 때 좀 더 친절하고 부드러운 말투를 쓴다.
- 병원이나 집에 있는 아픈 사람을 문병한다.
- 친구나 가족에게 익명으로 도움을 준다.

12. 사회성 지능(정서적, 개인적)

- 일주일 동안 하루 다섯 가지 개인적인 감정을 기록하고, 그 패턴을 살펴본다.
- 친구 중 가장 잘 타인의 감정에 공감하면서 대화를 나누는 친구를 찾아본다.
- 누군가가 귀찮게 하더라도 화를 내거나 보복하기보다 그 사람의 상황을 이해하려 한다.

13. 팀워크(협동심, 시민 정신, 충성심)

- 내가 할 수 있는 가장 멋진 팀 구성원이 되어준다.
- 길에 떨어진 쓰레기를 주워 휴지통에 버린다.
- 매달 적어도 한 번 친교 모임을 주선하거나 그런 모임에 참석한다.

14. 공정성(공평성, 정의)

- 적어도 하루에 한 번은 내 실수를 인정하고 그에 대한 책임을 진다.
- 내가 좋아하는 것과 싫어하는 것을 바탕으로 판단을 내리는지, 아니

면 정의와 공정의 원칙에 따라 판단을 내리는지 스스로 점검해본다.

- 공정하지 못하게 행동했거나 더 공정하게 처리할 수 있었던 일을 떠올려보고 적는다.

15. 리더십(지도력)

- 친구들을 위해 사교 모임을 만든다.
- 어떤 활동이나 임무나 과제를 주도하고, 집단 구성원의 의견을 적극적으로 수렴한다.
- 처음 만난 사람이 편안하게 느끼도록 행동한다.

16. 용서(자비)

- 상대의 관점에서 왜 그가 내게 상처를 줬는지 이해하려 노력한다.
- 내가 누군가에게 상처를 주고 용서받았던 때를 떠올려보고, 타인도 용서한다.
- 용서의 편지를 쓰되, 그것을 보내지 않고 일주일 동안 매일 그것을 읽는다.

17. 겸손(존중감, 겸양)

- 온종일 나 자신에 관한 이야기를 전혀 하지 않는다.
- 눈에 띄는 옷을 입지 않는다.
- 나보다 친구들이 더 뛰어난 점이 무엇인지 생각하고, 그 점에 대해 칭찬한다.

18. 신중성(조심성, 분별력)

- '부탁합니다', '고맙습니다'라는 말 외의 다른 말을 하기 전에 두 번 생각한다.

- 약속할 때 시간이나 환경적으로 내가 지킬 수 있는지 먼저 생각한다.
- 간식을 먹기 전 '살이 찌더라도 꼭 먹어야 하는가?' 하고 자문한다.

19. 자기통제력(자기 조절, 자제력)

- 운동 프로그램을 시작하여 일주일 동안 매일 꾸준히 실천한다.
- 주변의 유혹 요소를 제거한다. 예컨대 다이어트를 할 때 간식거리를 근처에 두지 않는다.
- 이성을 잃으려고 할 때, 열을 세고 그것이 정말 필요한지 반추한다.

20. 감상력(경의, 감탄, 심미안)

- 음악을 듣거나 그림이나 영화를 감상하고 나서 특히 감명 깊었던 미적 특징을 되짚어본다.
- 매일 다니는 익숙한 길 대신 새로운 길을 따라 출퇴근하거나, 대중교통을 이용한다면 매일 한두 정거장 미리 내려서 걸어본다.
- 적어도 하루에 한 번은 멈춰서 일출이나 일몰, 꽃, 새의 노랫소리와 같은 자연의 아름다움을 느낀다.

21. 감사(고마움)

- 내가 얼마나 자주 진심으로 고맙다고 말하는지 살펴본다.
- 아무리 미미하더라도 나를 도와준 모든 사람에게 진심으로 감사를 표한다.
- 매일 하루를 마감할 때 오늘 잘 되었던 일 세 가지를 써본다.

22. 희망(낙관성, 미래지향성)

- 과거에 실망했던 것에 대해 생각하고 그것을 가능하게 할 기회를 찾는다.

- '나는 할 수 없어'라는 비관적인 생각을 '나는 할 수 있어'라는 낙관적인 생각으로 바꾸는 연습을 한다.
- 힘든 일이 생길 때마다 나 자신이나 가까운 누군가가 역경을 극복하고 성공했던 상황을 떠올려본다.

23. 유머(유쾌함)

- 하루에 적어도 한 명은 미소 짓게 하거나 웃게 만든다.
- 대부분의 상황에서 재미있고 더욱 밝은 면을 찾아낸다.
- 유머와 몸짓, 재미있는 활동으로 매일 누군가의 얼굴에 웃음을 찾아준다.

24. 영성(삶의 목적의식, 종교성, 신앙심)

- 매일 내 삶의 목적과 의미를 생각하고, 그것과 행동을 일치시키려 해본다.
- 매일 일과를 시작할 때 기도나 명상을 한다.
- 나의 영적인 믿음과 행동이 어떻게 나와 타인을 진실하게 이어주는지 생각해본다.

대표 강점을 적용하라

지금까지 내가 이룬 성취, 업적, 경험, 사례 들을 떠올려보자. '성격 강점 검사'를 통해 확인한 다섯 가지의 대표 강점이 주도적인 역할을 했을 것이다. 이것이 곧 '나는 이런 사람이다'라는 내 정체성이기도 하다. 지금껏 나에 대한 확신을 갖지 못했거나 미래에 대한 불안과 두려움이 있었다면, 그 이유는 대부분 내가 어떤 사람인지, 무엇을 가장 잘하고 좋아하는지, 즉 나의 대표 강점이 무엇인지를 몰랐기 때문일 가능성이 크다.

지금부터 대표 강점은 내 소유물이다. 대표 강점을 지니고 있는 것만으로도 이미 나는 부자다. 물론 돈, 직업, 명예, 지식, 가족, 건강도 행복한 미래를 만드는 데 도움이 되지만, 그것들이 완벽하게 미래를 책임져주지는 않는다.

미래의 가장 소중한 자산은 심리적 자산이다. 아무리 많은 물질적·사회적·신체적 자원을 가졌다 해도 심리적 자산이 무너지면 삶의 의미와 가치가 상실된다. 사회적으로나 경제적으로 남 부러울 게 없어 보였던 유명인이 일순 무기력증에 빠지고 우울 증에 시달리다가 죽음을 선택하는 일이 비일비재하다. 대개 이런 안타까운 일은 심리적 자산이 바닥났을 때 일어난다.

앞에서 사람에게는 누구나 자신만의 성격 특성이 있다고 설명했다. 대표 강점은 내 긍정 성격 특성 중 가장 대표적인 긍정 특성이다. 다음은 대표 강점의 특징이다.

- 진정성: 대표 강점은 '진정한 내 모습'이라고 할 수 있을 정도로 진짜 내가 가진 것이다('이게 진짜 나야').
- 흥분: 대표 강점을 활용할 때 흥분되고, 황홀경에 빠지기까지 한다.
- 학구열: 대표 강점을 활용하여 뭔가를 배우거나 일을 할 때 학습 또는 일의 진행 속도가 매우 빠르다.
- 끈기: 대표 강점에 따라 행동하기를 열망하며, 그만두기가 어렵다('나 좀 내버려둬').
- 고무적: 대표 강점을 활용할 때 피곤하기는커녕 오히려 기운이 난다.
- 강점을 사용하는 프로젝트: 대표 강점을 활용할 수 있는 개인적인 일 (창업 등)을 스스로 고안하고 추구한다.
- 새로운 사용 방법 찾기: 대표 강점을 활용할 새로운 방법들을 열심히 찾아낸다.
- 열의: 이 강점을 사용하면 즐겁고 열정과 열의가 느껴지는가에 대해 생각한다.

당신이 찾은 다섯 가지 대표 강점도 사용하다 보면 대부분 이 특징들이 나타날 것이다.

대표 강점을 찾고 그 특징을 알았다면 이제 미래에 대한 막연한 두려움이나 불안감을 떨쳐버려도 좋다. 다른 부분이 조금 부족하더라도 죽을 때까지 함께할 대표 강점이 있다면, 행복을 만드는 데 중요한 심리적 자산을 갖춘 부자가 된 것이나 다름없기 때문이다. 이 소중한 나만의 자산인 대표 강점을 일, 사랑, 여가 등 일상생활에서 더 많이 활용할수록 행복 지수는 높아진다.

오랫동안 우울증을 앓고 있는 50대 J씨는 마음 챙김과 성격 강점 프로그램에 참여했다. 그녀는 특히 성격 강점 프로그램의 영향을 많이 받았다. 이 여성은 우울증을 치료하기 위해 심리 치료와 명상 수련을 10여 년 동안 꾸준하게 해왔다. J씨는 치료사와 함께 몇 주 동안 '대표 강점을 새로운 방식으로 활용하는 법'을 실습하면서 다음과 같은 대화를 나눴다.

"저는 매일 대표 강점 약을 복용해야 한다는 사실을 깨달았어요."

"그게 무슨 말이죠?"

"제 호기심이나 친절, 감사를 새로운 방식으로 활용할 때 기분이 훨씬 더 좋아져요. 대표 강점을 활용해야 한다는 사실을 잊어버리면 기분이 나빠지죠. 그러니까 대표 강점은 약과 같은 효과를 발휘해요."

"더 자세히 말씀해주세요."

"그러니까 이런 거죠. 제가 대표 강점을 활용해 새로운 접근법을 취하면, 천장이 열려 이 세상을 더 명확하게 볼 수 있어요. 파란 하늘과 초록 나무를 볼 수 있죠. 저는 사람들과 관계를 맺고 싶어요. 그럼 기분이 훨씬 좋아지죠. 그래서 제 대표 강점을 동원해 행동을 취해요."

"심리 훈련처럼 들리네요."

"바로 그거예요. 마치 러닝머신 위에서 달리는 것과 같죠. 제가 행동을 취하는 건전한 상태를 유지하게 해주거든요."

특히 우울, 분노, 불안 등의 심리적 증상이 있다면 대표 강점을 활용하는 법을 배워야 한다. 이 증상이 스트레스를 암시하는 것처럼, 성격 강점은 행복, 만족, 흥미, 몰입, 목적, 삶의 의미를 나타낸다.

연구 조사와 심리 치료 경험에 따르면, 분노와 적대감, 복수심 같은 부정 정서를 경험하는 사람들이나 자아도취적 특성을 가진 사람들은 심리 문제를 겪을 가능성이 훨씬 크다. 반면 감사, 용서, 친절, 사랑을 경험하는 사람들은 삶에 만족할 가능성이 더 크다.

이제 우리는 자신의 대표 강점을 알고 있다. 그러므로 강점 활용 기술을 키워 부정성을 관리할 뿐 아니라, 더 행복해지기 위해 대표 강점을 어떻게 활용할 수 있는지에 전념하는 것이 좋다.

다시 한번 말하지만, 자신의 대표 강점을 아는 것만으로는 부족하다. 대표 강점을 연마하여 일상에서 중요한 목표를 추구하고 문제를 해결하는 데 그것을 활용하려는 의지와 실천이 필요하다. 사람들은 보통 대표 강점을 새롭게 활용하는 방법을 찾아내는 데 어려움을 겪는다. 흔히 자신의 강점을 이용하지 못하고, 강점을 발휘할 때도 무의식적으로 행동한다. 예를 들면 이를 닦을 때 자기통제력을 사용하고 있는지 크게 신경을 쓰는가? 운전하는 동안 신중성이나 친절을 얼마나 발휘하는지 살피는가? 팀 회의에서 겸손을 얼마나 발휘하는지 확인하는가? 대부분 그렇지 않다.

이제 의식적으로 일상적인 활동을 할 때도 새로운 방식으로 대표 강점을 발휘해보자. 팀 회의를 진행할 때, 전화를 받을 때, 고객과 일대일 상담할 때, 목표 달성에 도전할 때, 가까운 사람과 이야기를 나눌 때, 화나고 불안하고 우울할 때 이렇게 혼잣말을 해보자.

"이럴 때 내 대표 강점을 새롭게 활용하고 싶어."

그러면 이미 내가 습관적으로 하던 활동에 대표 강점을 이용하게 된다. 그리고 나면 대표 강점을 계속해서 향상하고 활용하는 방법에 대한 새로운 아이디어가 나온다.

50세였던 2006년, 나는 심한 업무 스트레스를 받으면서 체중이 계속해서 불어나 무려 90킬로그램에 이르렀던 적이 있다. 호흡에 불편을 겪는 등 건강에 심각한 위험까지 느꼈다. 체중을 조절하기 위해 여러 다이어트 방법을 사용했지만, 효과는 잠시뿐 오히려 요요 현상이 일어났다. 심각하게 고민하던 중 내가 기획

출판한『프랑스 여자는 살찌지 않는다』라는 책에서 소개하는 프랑스 여성들의 다이어트 방법을 적용해보기로 했다.

그 다이어트 프로그램의 핵심은 다섯 가지의 지침을 세우고 3개월간 식습관을 개선하는 것이다. 3개월 동안 습관을 들이면 그 이후에는 자연스럽게 먹어도 된다. 첫째, 매일 식사량을 15% 줄이는 것, 둘째, 인스턴트식품을 먹지 않는 것, 셋째, 야식을 금하는 것, 넷째, 가능하면 차를 이용하기보다 걷고 계단을 오르내리는 것, 다섯째, 하루에 2리터씩 물을 마시는 것이다.

이외에도 매일 먹는 음식 중에 살을 찌운 범인 음식을 찾아서 줄여나가야 했다. 일주일 동안 매일 먹는 음식 목록을 작성해보니 어떤 음식이 과체중의 범인인지를 확인할 수 있었다. 때로 본의 아니게 과식할 때가 있었으나, 그때는 다음 식사의 양을 조절했다.

짐작했겠지만, 쉽지 않은 방법이었다. 나는 내 대표 강점인 창의성, 끈기, 정직, 낙관성, 자기통제력을 적용하기로 했다. 그동안 여러 차례 대표 강점을 적용하여 성공한 사례가 있었기에 이번에도 해내리라는 믿음이 있었다.

창의성을 적용해서 아이디어를 내 '프랑스 여자는 살찌지 않는다' 프로그램을 선택하고 성과를 높일 수 있는 새로운 방법을 계속해서 찾았다. 희망으로 다이어트에 성공할 수 있다는 기대와 믿음을 가졌고, 끈기로 인내심을 발휘했으며, 자기통제력을 통해 다섯 가지 지침을 실천할 때 통제하기 힘든 부분을 조절해

나갔다. 유혹이 생기거나 포기하고 싶을 때는 "네 대표 강점이 자기통제력과 끈기인데, 그것도 통제하지 못하고 참지 못하면 그게 무슨 대표 강점인가?" 하고 나 자신에게 암시와 압력을 넣기도 했다.

처음에는 "이런 방법으로 다이어트가 될까?" 스스로 의심도 했지만, 3개월이 되니 4킬로그램, 6개월이 되니 7킬로그램, 1년이 지나니 15킬로그램이 빠졌다. 갑자기 체중이 너무 빠지니까 혹시 건강에 문제가 있는 것 아닌가 불안하기까지 했다. 병원에 가서 이상 없다는 진단을 받고서야 쾌재를 불렀다. 지금까지도 나는 체중을 유지하고 있다. 아직도 거울 앞이나 학생들과 대중 앞에 설 때면 날씬하고 멋진 내 모습을 보면서 스스로 행복해한다.

몰입도를 높여라

50대는 몰입도를 높여야 한다. 그만큼 고도의 집중력이 필요하다는 것이다. 몰입도를 높이기 위해서는 삶의 만족감을 키워주는 성격 강점을 활용하는 것이 중요하다. 몰입은 성격 강점과 밀접한 관계가 있다. 지금은 긍정심리학이 진화해 웰빙 이론인 팔마스와 이들의 기반인 성격 강점으로 구성되었지만, 초기 행복 이론에서는 성격 강점이 즐거움과 만족을 극대화하는 몰입에 포함되었었기 때문이다. 몰입에는 세 가지가 있다. 약속, 헌신, 책무와 같이 주로 조직의 성과와 관련된 Commitment, 관여, 열정, 활력과 같은 에너지와 관련된 Engagement, 흐름 같이 심리적 상태와 관련된 Flow이다. 여기서는 몰입(Flow)을 중심으로 이야기하려고 한다.

몰입이란 삶이 고조되는 순간에 물 흐르듯 행동이 자연스럽게 이루어지는 느낌을 말한다. 어떤 활동에 깊이 빠져서 시간이

나 공간, 타인의 존재, 심지어 자신까지도 망각한 심리 상태로 현재 하는 일에 심취한 무아지경 상태다. 셀리그만은 심리학에서 칙센트미하이가 이룩한 탁월한 업적은 '몰입' 개념을 정리한 것이라고 말했다.

몰입의 핵심은 즐거움과 만족이다. 몰입이 발견되기 전까지 성인들에게 가장 즐거움과 만족을 주는 것은 육체적 즐거움인 섹스였다. 그러나 몰입이 발견된 이후에는 가장 즐거움과 만족을 주는 것이 몰입으로 바뀌었다. 섹스는 자주 하면 질리지만, 몰입은 지속적으로 즐거움과 만족을 주기 때문이다. 그래서 몰입을 의미 있는 즐거움이라고 한다.

시간 가는 줄도 모른 채 완전히 몰입할 때는 언제일까? 절대로 그만두고 싶지 않을 만큼 절실하게 하고 싶은 것이 무엇인지 정확하게 깨닫는 때는 언제일까? 그림 그리기? 사랑하기? 배구? 강연? 암벽 등반? 누군가의 고민을 귀 기울여 들어주기? 칙센트미하이는 이 문제를 제기하면서 여든 살이 된 자기 형의 몰입 경험을 들려주었다.

"얼마 전에 부다페스트에 계신 이복형님을 찾아갔거든요. 형님은 정년퇴임한 뒤로 일삼아 광물을 관찰하지요. 그런데 형님이 이런 말씀을 하시더군요. 며칠 전 아침을 먹고 나서 수정을 꺼내 현미경으로 살펴보고 있었는데, 내부 구조가 갈수록 어두워 보이기에 구름이 해를 가린 모양이라고 생각했다는 거예요. 그래서 고개를 들어 하늘을 보니 벌써 날이 저물어 있었다고 하시더군요."

그의 형은 시간 가는 줄도 모르고 종일 현미경만 들여다본 것이다. 칙센트미하이는 전 세계 각계각층의 남녀노소 수천 명을 인터뷰하면서 가장 큰 만족을 얻었을 때의 기분이 어땠는지 물었다. 그것은 칙센트미하이 형의 경우처럼 정신적 만족으로 표현할 수 있는 것일 수도 있고, 아래와 같이 일본 교토의 10대 오토바이족이 수백 대의 오토바이를 몰 때처럼 집단 활동에서 얻는 만족일 수도 있으며, 무아지경에 빠져 온몸이 땀범벅이 될 정도로 혼신의 힘을 다하는 발레리나의 만족일 수도 있다.

"우리가 오토바이를 몰 때 처음에는 완전히 난장판이에요. 그러다 오토바이가 순조롭게 달리기 시작하면서부터 공감대가 형성되거든요. 이것을 뭐라 표현하면 좋을까, 마음이 하나가 되고, 우리 모두 한몸이 되면서 무엇인가 알게 됩니다. 그러다 문득 깨닫죠. 우린 일심동체라는 것을. 우리가 한몸이라는 것을 깨달을 때 희열을 느껴요. 그때부터 속도를 최대로 높이기 시작하는데, 이때야말로 지상 최고의 황홀경에 빠지게 되죠."

"일단 발레를 시작하면 둥둥 떠다니듯 즐기면서 내가 하는 몸짓을 느낀답니다. 그러면 몸이 한결 가벼워지죠. 모든 것이 내 뜻대로 잘 되면 무아지경에 빠져 온몸이 땀범벅이 될 정도로 혼신의 힘을 다하게 되고요. 당신도 몸짓으로 자신을 표현해보세요. 그게 바로 발레의 목적이거든요. 몸짓 언어로 의사소통하는 것입니다. 나는 음악과 더불어 우아하게 발레를 함으로써 객석의 사람들에게 나 자신을 멋지게 표현하는 셈이에요."

명상가, 체스 선수, 오토바이족, 조각가, 발레리나, 직장 근로자 등 저마다 활동에는 엄청난 차이가 있지만, 그들이 만족을 느끼는 심리적 요소는 매우 비슷하다.

만족의 심리적 요소는 다음과 같다.

첫째, 그들은 전문 기술을 필요로 하는 도전적인 일이기 때문에 쉽사리 몰입한다. 둘째, 그들은 정신을 집중하기 때문에 주체적으로 행동한다. 셋째, 그들은 뚜렷한 목적이 있기 때문에 자의식이 사라진다. 넷째, 그들은 즉각적인 피드백을 얻기 때문에 시간 가는 줄을 모른다.

이들의 활동이 몰입을 유발하는 이유는 무엇일까? 규칙이 있고, 기술이 필요하며, 목표가 분명하고, 피드백을 제공하며, 통제가 가능하기 때문이다. 몰입 활동의 최우선 기능은 즐거움과 만족을 주는 것이고, 몰입 활동은 개인에게 발견의 느낌과 창의적 깨달음을 준다. 몰입 활동은 한층 더 높은 수준의 수행을 할 수 있도록 도와주고, 이전에 경험해 본 적이 없는 인식의 상태를 느끼게 해준다. 그래서 몰입 활동의 핵심은 '자아 성장'에 있다고 한다.

칙센트미하이가 소개한 몰입을 경험하기 위한 조건 중 다섯 가지는 아래와 같다.

첫째, 명확한 목표다. 현재 하는 일이 불분명하거나 오랜 시간이 걸리는 일이라면 몰입이 잘되지 않는다. 명확하고 짧은 시간에 결과를 만들어 낼 수 있는 일이라야 몰입이 잘된다.

둘째, 몰입 경험을 위해서는 즉각적인 피드백이 중요하다. 내가 이 일을 왜 하고 있는지, 어떤 결과를 만들어 낼 것인지 분명한 목표가 없고 즉각적이며 적절한 피드백이 없다면 그 일에 계속해서 몰입하기가 어렵다. 즉각적이면서 적절한 피드백이 있어야 몰입이 잘된다.

셋째, 과제와 능력 사이의 균형도 필요하다. 어떤 과제가 나에게 주어졌을 때 내가 가진 능력에 비해 너무 어렵거나 쉬우면 몰입이 잘되지 않는다. 높은 과제와 높은 능력이 결합했을 때 최고의 몰입을 경험할 수 있다. 아무리 호기심이 생기는 일이라도 능력이 따라주지 않아 자신이 없다면 몰입은커녕 시작도 하지 못하거나 시작했다가도 금방 포기하게 된다.

넷째, 집중력도 몰입하는 데 많은 영향을 끼친다. 몰입을 경험하기 위해서는 집중력을 강화해야 한다. 산만한 아이들은 호기심이 분산돼 공부에 몰입하기 어렵다. 어른들도 마찬가지다. 집중력이 약한 사람들은 한 가지 일을 진득하게 하지 못한다. 이것저것 벌여놓은 일은 많지만, 뒷수습하지 못해 문제가 생기는 경우도 많다. 집중력을 키우기 위해서는 자신의 대표 강점을 일상에서 발휘해 흥미를 유발하고, 분명한 목표와 즉각적인 피드백이 가능한 기회를 자주 포착하는 것이 좋다. 그렇게 하면 일에 흠뻑 매료되어 몰입을 경험하게 된다.

다섯째, 몰입을 경험하려면 현재를 중요시해야 한다. 지금 하는 일에만 집중하고 나머지는 머릿속에서 지워버려야 한다. 일상의 고민과 걱정거리는 뒤로하고 오로지 지금에만 집중해야 몰입할 수 있다. 일단 몰입에 빠져들면 더는 잡생각이 머릿속을 파고들지 못한다.

셀리그만 역시 직업에서 몰입도를 높일 수 있는 지혜를 이렇게 정리해준다.

첫째, 자신의 대표 강점을 확인한다. 둘째, 대표 강점을 날마다 발휘할 수 있는 직업을 택한다. 셋째, 대표 강점을 더욱 많이 활용할 수 있도록 재교육을 받는다. 넷째, 관리자라면 업무에 지장이 없는 한 직원에게 재교육을 받게 기회를 제공한다. 다섯째, 고용주라면 업무에 걸맞은 대표 강점을 지닌 직원을 채용한다.

몰입은 지루함과 불안, 우울증을 해소해주는 해독제가 될 수 있다. 우울증이나 불안증 같은 심리적 증상의 특징인 무쾌감증과 무관심, 지루함, 초조함은 대체로 주의 산만의 징후다. 노년의 심리도 이 같은 특징을 보인다. 고도의 몰입은 보통 지루함과 반추를 날려버린다. 다시 말해 힘든 과제를 성공적으로 완수하려고 애쓰면서 주의 자원은 당면 과제에 집중시켜 활성화시키고, 자기 관련 정보와 위협 관련 정보 처리에 소모되는 능력은 줄여나간다.

추가적으로 몰입 활동 이후 성취감을 느끼면 종종 긍정적인 반추의 2가지 형태인 회상하기와 만끽하기를 할 수 있다. 이 같은 몰입의 특징은 행복뿐만 아니라 심리치료 개입에도 효과적으로 적용된다. 몰입은 즐거움과 만족을 주기 때문이다.

나에게 묻고 확인하기

Q 나와 배우자의 성격 중 유사한 면과 판이한 면은 무엇인가?

Q 스스로 생각하는 나의 대표 강점은 무엇인가?

▶ '성격 강점 검사'로 나의 대표 강점을 찾아보자.

지난 4주 동안 아래에 묘사한 것과 같은 실제 상황에서 내가 어떻게 행동했는지 자세히 생각해보고, 1부터 10까지의 숫자로 점수를 매겨보자. 단 내가 실제로 취했던 행동에 관해서만 대답해야 한다.

← 결코 아니다   언제나 그렇다 →

1	2	3	4	5	6	7	8	9	10

1. 창의성(재능, 독창성) 내가 새롭거나 혁신적인 어떤 것을 할 기회가 있었던 실제 상황을 떠올려보자. 그 상황에서 나는 창의성 또는 독창성을 얼마나 자주 활용했는가? _____

2. 호기심(흥미, 모험심) 내가 탐구하고 질문하기를 좋아하고, 색다른 경험과 활동을 하는 데 열려 있었던 실제 상황을 떠올려보자. 그 상황에서 나는 호기심이나 흥미, 모험심을 얼마나 자주 발휘했는가? _____

3. **판단력(개방성, 비판적 사고)** 내가 복잡하고 중요한 결정을 내렸던 실제 상황을 떠올려자. 그 상황에서 나는 비판적 사고, 개방성 또는 올바른 판단을 얼마나 자주 활용했는가? _____

4. **학구열** 나에게 최근 새로운 아이디어와 개념, 지식과 기술을 습득할 기회가 주어졌던 실제 상황을 떠올려보자. 그 상황에서 나는 학구열을 얼마나 자주 활용했는가? _____

5. **예지력(통찰력, 지혜)** 나는 나의 실수를 통해 배우고, 중대한 문제에 대해 지인이 나로부터 조언을 구하며, 내가 분쟁을 효율적으로 해결했던 실제 상황을 떠올려보자. 그 상황에서 나는 예지력, 통찰력 또는 지혜를 얼마나 자주 활용했는가? _____

6. **용감성(용맹, 용기)** 내가 공포, 두려움, 당혹감, 불편함을 경험했던 실제 상황을 떠올려보자. 그 상황에서 나는 담력 또는 용기를 얼마나 자주 활용했는가? _____

7. **끈기(근면성, 성실성, 인내)** 내가 어렵고 오랜 시간이 걸리는 과제에 직면했던 실제 상황을 떠올려보자. 그 상황에서 나는 끈기를 얼마나 자주 활용했는가? _____

8. **정직(신뢰, 진정성)** 내가 거짓말을 하거나 속임수를 쓰거나 호도했던 실제 상황을 떠올려보자. 그 상황에서 나는 정직이나 진정성을 얼마나 자주 보여줬는가? _____

9. **열정(열의, 열망, 활기)** 나의 일상생활을 떠올려보자. 내가 열정이나 열의를 느끼고 그것을 보여줄 수 있었을 때, 실제로 얼마나 자주 그렇게 했는가? _____

10. **사랑(사랑하고 사랑받는 능력)** 나의 일상생활을 떠올려보자. 타인(친구, 가족 등)에게 사랑과 애착을 표현하고 타인의 애정을 받아들일 수 있었을 때, 실제로 얼마나 자주 그렇게 했는가? _____

11. **친절(배려, 관대함)** 내가 최근에 누군가에게 친절을 베푼 상황을 떠올

려보자. 그런 상황에서 내 이득을 생각하지 않고 진심으로 남을 돕는다는 마음으로 얼마나 자주 친절을 활용했는가? _____

12. 사회성 지능(정서적, 개인적) 내가 다른 사람들이 필요로 하거나 원하는 것이 무엇이며, 그것에 맞춰 그들에게 반응하는 방법이 무엇인지를 찾아내야 했던 실제 상황을 떠올려보자. 그 상황에서 나는 사회성이나 사회적 인식 또는 실천적 지능을 얼마나 자주 활용했는가? _____

13. 팀워크(협동심, 시민 정신, 충성심) 내가 내 도움과 충성이 필요한 한 집단의 일원이었던 실제 상황을 떠올려보자. 그 상황에서 나는 협동심을 얼마나 자주 보여줬는가? _____

14. 공정성(공평성, 정의) 내가 두 명 이상의 타인에게 약간이나마 권력이나 영향력을 행사했던 실제 상황을 떠올려보자. 그 상황에서 나는 공정성을 얼마나 자주 활용했는가? _____

15. 리더십(지도력) 내가 나의 지시가 필요한 집단의 일원이었던 실제 상황을 떠올려보자. 그 상황에서 나는 지도력을 얼마나 자주 활용했는가? _____

16. 용서(자비) 내 기분을 상하게 하거나 나에게 상처를 준 사람, 실수한 사람을 떠올려보자. 그런 상황에서 나는 이해하고 자비를 베푸는 용서를 얼마나 자주 활용했는가? _____

17. 겸손(존중감, 겸양) 내 최근 일상에서 이루어졌던 대인 관계의 실제 상황을 떠올려보자. 그런 상황에서 얼마나 나 자신을 자랑하거나 과시하지 않고 상대방을 존중하고 인정하는 겸손을 활용했는가? _____

18. 신중성(조심성, 분별력) 내가 나중에 후회할지도 모를 어떤 일을 하고 싶었던 실제 상황을 떠올려보자. 그 상황에서 나는 신중함이나 조심성을 얼마나 자주 활용했는가? _____

19. 자기통제력(자기 조절, 자제력) 내가 통제하고 싶었던 욕구, 충동, 정서를 경험한 실제 상황을 떠올려보자. 그 상황에서 나는 자기통제력을 얼마

나 자주 활용했는가? _____

20. 감상력(경의, 감탄, 심미안) 내가 자연과 예술부터 과학까지, 인생에서 찾을 수 있는 수많은 아름다움과 훌륭함을 감상할 수 있었던 실제 상황을 떠올려보자. 그 상황에서 나는 감상력(경의, 감탄, 고상함)을 얼마나 자주 활용했는가? _____

21. 감사(고마움) 내가 부모나 가족, 스승, 상사, 동료, 친구 등에게 도움을 받았던 상황을 떠올려보자. 그 상황에서 당연시하지 않고 절로 우러나오는 고마운 마음으로 감사를 얼마나 자주 활용했는가? _____

22. 희망(낙관성, 미래지향성) 내가 고난과 역경을 겪었던 상황을 떠올려보자. 그 상황 속에서도 언제나 모든 일이 잘 해결될 것이라는 희망과 낙관성을 얼마나 자주 활용했는가? _____

23. 유머(유쾌함) 내가 기분이 나쁘거나 스트레스를 많이 받는 대상과 함께 있었던 상황을 떠올려보자. 그 상황에서 재치와 영리함을 이용하여 웃음을 주는 유머(유쾌함)를 얼마나 자주 활용했는가? _____

24. 영성(삶의 목적의식, 종교성, 신앙심) 내가 영성을 발휘한 실제 상황을 떠올려보자. 그 상황에서 나는 삶의 목적의식과 의미, 명상, 종교성 같은 영성(초월성)을 얼마나 자주 활용했는가? _____

각 문항의 점수를 다음의 표에 다시 한번 정리해보자. 가장 점수가 높은 5개 강점이 상위 강점, 가장 점수가 낮은 5개 강점이 하위 강점, 나머지 14개 강점이 중간 강점이다. 가장 높은 5개 강점을 대표 강점이라고 한다. 가장 높은 점수가 5개 이상 나왔다면 자신의 성격과 가장 가까운 순서대로 선택하라.

1. 창의성		2. 호기심		3. 판단력		4. 학구열	
5. 예지력		6. 용감성		7. 끈기		8. 정직	
9. 열정		10. 사랑		11. 친절		12. 사회성	
13. 팀워크		14. 공정성		15. 리더십		16. 용서	
17. 겸손		18. 신중성		19. 자제력		20. 감상력	
21. 감사		22. 희망		23. 유머		24. 영성	

나의 대표 강점

1. _____
2. _____
3. _____
4. _____
5. _____

Part 7

진정한 행복은
만들어가는 것이다

행복은 조건이 아니라 과학이다

　지금껏 수많은 사람이 행복은 조건이라고 생각해왔다. 이런저런 조건만 충족된다면 아무런 걱정과 근심 없이 행복이 가득한 삶을 살 수 있으리라 기대하는 것이다. 고3 학생은 원하는 대학에 합격하기만 하면, 졸업을 앞둔 대학생은 바라는 기업에 취직하기만 하면, 피 끓는 청춘 남녀는 아름답고 멋진 이성을 만나기만 하면, 젊은 부부는 번듯한 내 집을 마련하기만 하면, 50대는 경제적인 노후 준비만 충족되면 행복이 넘실거리는 장밋빛 인생이 펼쳐지리라 믿어왔다.

　그러나 과연 그런가? 실제는 그렇지 않았다. 조건은 끝없이 늘어났다. 조건 하나가 충족되면 다른 조건이 생겨났다. 인생은 잡힐 듯 잡히지 않는, 새로운 행복의 조건을 향해 달음질하는 마라톤처럼 여겨졌다. 그런데도 사람들은 행복이라는 이름의 신기루를 자신이 잡지 못했다면 내 자식들만큼은 꼭 잡아야 한다

며 독려하고 채근한다. 어쩔 수 없이 다음 세대마저 행복의 조건
을 채우기 위해 쉬지 않고 질주한다.

한편 행복은 무언가를 채워 넣는 게 아니라 덜어내는 것이라
고 믿는 사람도 있다. 덧셈이 아닌 뺄셈이라고 생각하는 것이다.
윤정은 작가의 『메리골드 마음 세탁소』는 이 같은 내용을 다룬
판타지 소설이다. 사람의 마음을 읽고 치유할 수 있는 신비한 능
력을 지닌 소녀 지은이 한 마을에 세탁소를 차려 소중한 것을 되
찾고 싶은 사람들의 마음속 얼룩을 지워준다는 이야기다. 작가
는 이 작품을 통해 후회하거나 잊고 싶은 기억을 전부 없애버리
면 잃어버린 행복을 되찾을 수 있을 것인가 묻고 있다.

정유정 작가의 소설 『완전한 행복』 역시 자신이 행복해지기
위해, 내 가정을 행복하게 만들기 위해 방해가 된다고 생각하는
요소를 하나씩 제거해나가는 주인공의 이야기다. 자기애의 늪
에 빠진 나르시시스트인 유나는 첫 결혼에 실패하고 딸아이를
데리고 재혼한 여자다. 쓰라린 좌절을 겪었기 때문에 두 번째 결
혼은 반드시 성공해야 하고 행복해야 한다고 생각한다. 유나는
자신의 행복을 위해서라면 무엇이든 할 수 있는 사람이다. 그녀
는 남편 은호와 나누는 대화를 통해 행복은 좋았던 순간을 하나
씩 더해가면 얻게 되는 덧셈이 아니라 완전해질 때까지 불행의
가능성을 없애가는 뺄셈이라고 말한다.

행복은 내가 행복의 조건이라고 생각하는 것을 하나씩 이루
고 얻어가면서 느끼는 것일까? 아니면 행복하지 않거나 행복을

가로막는 요소를 하나씩 제거해나가면 맨 나중에 남는 것이 행복일까? 불행의 조건을 없앤다고 해서 행복만 남으리라고 보장할 수 있을까?

불행의 가능성을 제거함으로써 완전한 행복을 추구하던 유나는 과연 완전한 행복을 찾았을까? 그렇지 않다. 정반대다. 남은 것은 처참한 불행뿐이다. 작가가 말하는 완전한 행복이란 나만의 행복, 즉 이기적인 행복만으로는 충족되지 않는다. 모두가 불행한데 혼자만 행복할 수는 없는 까닭이다. 이기적 행복은 이타적 행복이 충족되어야 가능해지는 것이다.

긍정심리학은 무언가가 충족되어야만 행복하다든가 무언가를 제거해야만 행복하다든가 하는 시각, 즉 행복을 특정한 조건이나 자격으로 한정 짓는 생각에 동의하지 않는다.

"행복은 조건이 아니라 과학이다."

이것이 행복을 바라보는 긍정심리학의 관점이다.

"지금까지 경험한 것 중 가장 실용적인 교육이었어요. 제 삶을 송두리째 바꿔놓았죠."

"나에게 초점을 맞추게 되어서 좋아요. 기분이 좋지 않거나 불쾌한 일이 있을 때 이를 해결하는 방법은 물론, 좋은 일을 계속해나가는 실질적인 방법을 자세히 알게 됐어요."

하버드대학교에 개설된 긍정심리학 강의를 들은 학생들의 반응이다. 긍정심리학의 행복 강의는 하버드대학교에서 가장 인기 있는 강의로 꼽힌다. 여기뿐만이 아니다. 이제 긍정심리학을 강의하는 대학과 대학원은 일일이 수를 헤아리기 어려울 정도로 많다. 긍정심리학의 인기는 대학을 넘어 기업, 병원, 군대 등 각계각층으로 빠르게 확산 중이다. 미국과 영국은 말할 것도 없고 유럽, 아시아 등지에도 긍정심리학에 관심을 쏟는 사람이 차츰 많아지고 있다.

왜 전 세계가 이토록 긍정심리학에 열광하는 것일까? 이유는 비교적 분명하다. 사람들의 삶이 행복과 점점 거리가 멀어지고 있기 때문이다. 현대인들의 우울증이 심각한 수준에 도달한 것은 어제오늘 일이 아니다. 게다가 분노도 계속 상승 중이다. 현대 사회는 분노 사회라 해도 과언이 아닐 정도로, 분노를 참지 못하는 데서 더 나아가 폭력과 살인조차 서슴지 않는 사람이 갈수록 증가하는 추세다.

이처럼 중대한 심리적 문제를 해결하고 사람들이 행복하게 살 수 있도록 도와주는 학문이 긍정심리학이다. 긍정심리학은 단순히 부정 정서를 극복하고 긍정 정서를 회복하는 것을 넘어 인간 본연의 도덕성과 미덕을 함양하면서 행복을 실천할 수 있는 과학적인 도구들을 갖추고 있다. 그 효과가 입증되면서 더욱 주목받게 된 것이다.

긍정심리학이 현대인들을 괴롭히는 우울증 치료에 탁월한 효과가 있을 뿐만 아니라 면역력을 강화하여 질병을 예방하고 치료하는 데 큰 도움이 된다는 사실은 여러 연구 결과를 통해 입증됐다. 마틴 셀리그만과 캐나다 토론토대학교 교수인 테이얍 라시드(Tayyab Rashid)는 펜실베이니아대학교 심리 상담 센터를 찾은 우울증 환자들을 위해 15회기의 긍정심리 치료를 창시했다. 긍정심리학을 바탕으로 개발한 이 치료법은 기존의 심리 치료법이나 항우울제보다 훨씬 효과적으로 우울 증세를 완화했다.

긍정심리학에서 행복을 만드는 데 필요한 주요 덕목으로 꼽는 낙관성이 건강에 큰 영향을 미친다는 점도 연구 결과 밝혀졌다. 또한 긍정심리학은 긍정 정서가 높은 사람이 직장에서 일할 때 생산성이 올라가고 만족도가 상승한다는 사실도 규명해냈다.

조직의 성과를 향상시키는 것은 물론 개인의 성취와 행복을 구현하는 데도 긍정심리학은 큰 역할을 한다. 긍정심리학은 목표를 설정하고, 자신의 강점을 활용하여 목표를 달성하기 위해 노력하며, 늘 긍정적인 마음으로 살아감으로써 설령 어려움이 닥쳐도 극복할 수 있다는 자신감을 품게 해준다. 결국 목표를 성취하게 만들어 행복한 삶을 누리게 하는 모든 과정에 긍정심리학이 함께하는 것이다.

긍정심리학이 제시하는 행복 증진 방법은 과학적이다. 과학적 방법으로 행복을 만들고 지속하고 번성하는 방법을 도출하기에 신뢰도가 높고 효과도 뛰어나다. 긍정심리학에서 행복의 만개, 즉 플로리시를 위해 만든 도구들을 이용하면 누구나 행복해질 수 있으므로 앞으로도 긍정심리학에 대한 관심은 더욱 뜨거워질 것으로 보인다.

행복은 만들어가는 것이다

    나는 늘 "행복은 만드는 것이다"라고 말한다. 그리고 긍정심리 도구들을 사용하여 의식적으로 연습하고 노력해서 자신만의 행복을 만들 것을 강조한다. 그중 한 가지 방법은 무언가를 경험하고 성취를 이뤘을 때, 마지막으로 느낀 긍정 정서를 기억하는 것이다. 그것이 기쁨일 수도, 만족이나 감사 또는 자기 효능감이나 자부심일 수도 있다. 이렇게 긍정 정서를 차곡차곡 쌓다 보면 마음 근육이 커지고 내면의 토양이 바뀐다. 불안, 우울, 분노, 죄책감, 수치심 같은 부정 정서가 유발될 때 언제든 이 긍정 정서를 꺼내 쓸 수도 있다.

    유엔, 세계보건기구, 갤럽이 각기 발표한 세계 각국의 행복 지수를 보면, 다소 차이는 있지만 대부분의 조사에서 우리 국민의 행복 지수가 매우 낮다. 국내외 많은 학자는 한국인이 행복하지 못한 원인으로 과도한 물질만능주의, 지나친 경쟁, 과정과 결과의 그릇된 인식 등을 꼽는다. 그런데 이런 사회적 문제보다 더 심각한 것은, 개개인이 가지고 있는 행복에 대한 인식 오류다. 행복은 막연하게 기대하거나 맹목적으로 집착한다고 해서 얻을 수 있는 것이 아니다. 행복에 대한 인식 오류, 즉 우리가 행복을 느끼지 못하는 원인은 네 가지다.

첫째, 막연한 기대다. 행복을 원한다면 현실을 직시하고 왜 행복해야 하는지, 행복이 무엇인지, 행복해지려면 어떻게 해야 하는지에 관심을 두고 행복하기 위해 노력해야 한다. 하지만 대개 "열심히 살다 보면 행복해질 거야", "이 일만 잘되면 행복할 수 있어", "내년에는 꼭 행복할 수 있겠지" 같은 식으로 막연한 기대만 한다. 막연한 기대는 현실 회피인 동시에 사람을 무기력하고 지치게 만든다. 지나치면 사람을 죽음으로 몰아가기도 한다.

둘째, 맹목적 집착이다. 전 세계에 행복학 열풍을 불러일으킨 긍정심리학 교수 탈 벤 샤하르(Tal Ben Shahar)는 행복의 역설을 강조했다. 행복에 너무 집착하면 행복하지 않다는 것이다. 그는 행복을 태양에 비유했는데, 태양을 보고 싶다고 그것을 직접 바라보면 눈이 손상될 수 있다. 그러면 어떻게 해야 할까? 그는 무지개를 보라고 권한다. 무지개 빛깔이 곧 태양 빛깔이기 때문이다. 행복도 마찬가지다. 행복을 원한다고 행복에만 집착하면 오히려 해가 될 수 있다. 태양을 보기 위해 무지개를 보듯이 행복에 맹목적으로 집착하지 말고 과학을 기반으로 행복을 만드는 긍정 정서, 몰입, 관계, 의미, 성취, 강점 같은 요소들을 봐야 한다.

그 안에는 행복을 만들어주는 많은 연습 도구가 있다.

셋째, 완벽한 행복 추구다. 미국의 심리학자로 행복에 영향을 주는 사회심리적 요인에 관해 연구한 에드 디너(Ed Diener)와 그의 동료들은 완벽한 행복 추구는 일상적인 활동을 해나가는 데 있어 오히려 행복을 저해하는 요인이 될 수 있다고 밝혔다. 자신에게 닥친 슬픔과 불행을 솔직하게 인정하고 그 감정에 충실해야 하는데, 현실을 부정하면서 평범한 감정을 억누르며 완벽한 행복이 아닌 것은 인정하지 않으려 하면 부작용만 커질 뿐이라는 것이다. 불행한 사건 탓에 슬픔에 잠겨 괴로운 표정을 짓고 있으면 이런 모습이 주위 사람들에게 보내는 신호가 되어 역경을 이겨내는 데 필요한 도움을 받을 수도 있고, 나아가 이는 결국 지속적인 행복을 위해 없어서는 안 될 사회적 지원을 강화하게 해준다.

디너에 따르면 적당한 수준 이상으로 행복이 증가하면 삶의 몇몇 부분에 도리어 해가 될 수도 있다고 한다. 자신의 행복을 10점 만점에 10점이 아닌 9점이나 8점으로 평가한 사람이 삶에서 느끼는 약간의 불만은 교육이나 지역사회, 직장 환경 등을 개선하는 동기로 작용할 가능성이 크다. 계속해서 10점만 받으려고 애쓰는 사람보다 8점이나 9점이 목표인 사람이 더 건강하고 행복하며, 돈도 많이 번다는 것이다.

넷째, 행복은 불행의 부재가 아니다. 프로이트는 행복을 강력한 쾌락에 결부된 고통의 부재와 동일시했다. 고통이 없으면 행복하다는 것이다. 정말 그럴까? 앞서 살펴본 대로 행복은 이분법이 아니다. 불행하지 않다고 행복한 것도 아니고, 행복하지 않다고 불행한 것도 아니다. 지금으로부터 약 100여 년 전 프로이트가 활동할 당시에는 심리학에 과학적 방법론이 거의 없었다. 하지만 긍정심리학이 탄생하고 과학기술의 발달로 행복을 측정하는 도구와 기법이 개발되면서 그것들로 연습하고 노력하면 행복을 만들 수 있게 됐다.

이렇게 행복에 대한 인식 오류를 파악했다면, 이제는 다음과 같은 인식 전환이 필요하다.

첫째, 행복은 조건이 아니다. 소냐 류보머스키의 연구에 따르면, 행복한 사람이 성공한다는 말과 성공한 사람이 행복하다는 말은 모두 맞는 말이다. 성공하면 행복하리라는 우리의 통념, 즉 행복을 조건으로 생각하는 것은 반쪽짜리 진실이라는 의미다. 성공하면 모두 그런 것은 아니어도 행복을 느낄 수 있지만, 행복해야 성공 확률이 높아진다는 사실은 많은 연구 결과가 증명하고 있다.

둘째, 행복은 만드는 것이다. 고전적 행복론을 주장하는 이들은 반론을 제기할 수도 있다. 그러나 셀리그만은 행복은 좋은 유전자나 행운으로 얻어지는 게 아니라, 바이올린 연주나 자전거 타기 등과 같이 부단한 연습과 노력으로 만들 수 있음을 과학적으로 입증했다. 그는 2011년 새로운 긍정심리학 이론을 발표하면서 "나는 이제 당신의 플로리시를 만들어줄 수 있다"라고 말했다. 일시적 행복이 아닌 지속적인 행복을 누구나 만들 수 있다는 의미다.

셋째, 행복은 경쟁력이다. 1543년 코페르니쿠스는 '우주는 태양을 중심으로 돈다'는 지동설을 발표했다. 하지만 사람들은 믿지 않았을뿐더러 오히려 그를 핍박했다. 그러나 훗날 지동설은 결국 사실로 밝혀졌다. 이 같은 일들이 최근 심리학계에서도 일어나고 있다. '행복이 성공을 만든다'라는 주장이 그것이다. 지금까지는 행복의 개념이 추상적이거나 다분히 관조적이고 감정적이었다면, 긍정심리학에서 말하는 행복은 과학을 기반으로 하면서 얼마든지 만들어나갈 수 있는 영역으로 다룬다.

물론 어떤 이들은 행복은 각자 환경에 따라 주관적으로 판단할 문제인데, 그것을 어떻게 기계적으로 판단하고 과학적으로 만들어낼 수 있느냐고 반문한다. 하지만 과학이 발달하면서 우리의 사고, 감각, 감정, 행동, 성격 특성을 측정하는 도구들이 개발되고 발전했기에 이것들이 가능해졌다.

행복을 과학적으로 분석하고 객관적으로 설명할 수 있다고 하면 철학자나 종교 지도자들이 종종 우려를 표한다. 도덕성 문제 때문이다. 그런데 긍정심리학은 고대 그리스 사상가, 인본주의 운동가, 종교학의 거장 등 수많은 학자로부터 영향을 받았다. 그들은 행복해지려면 반드시 도덕적 삶을 추구해야 한다고 강조했다. 긍정심리학 역시 도덕 개념과 선한 품성을 기반으로 행복을 정의하고 과학적으로 설명한다. 우리는 집요한 쾌락 추구,

문란한 성생활, 약물중독, 약자에 대한 착취를 통해 자신이 원하는 바를 얻는 사람을 행복한 사람이라 칭하지 않는다. 셀리그만은 "진정한 행복이란 수단과 방법을 가리지 않고 쌓은 부와 명예, 권력을 말하는 것이 아니라 성격 강점을 일상에서 발휘하면서 참되게 사는 것"이라고 정의했다.

이런 내용을 기초로 나는 행복의 네 가지 핵심 사항을 찾아냈다. 그것은 긍정 정서인 정서적 기쁨과 인지적 만족, 성격 강점인 참된(도덕적) 삶과 역경을 극복하는 회복력이다. 이것들은 긍정심리학의 핵심 요소인 팔마스를 통해 키울 수 있다. 어떤 환경에 처했든, 어떤 조건을 가졌든 행복 연습 도구들을 사용하여 연습하고 노력하면 누구나 충분히 행복을 만들 수 있다.

이렇게 만들어진 행복은 자신이 원하는 삶, 주도하는 삶을 살아가는 데 최고의 경쟁력이 된다. 행복은 최종 목표가 아닌 또 다른 목표를 이루기 위해 동원되는 자원이기 때문이다. 지금 우리는 몇 개월 앞도 예측하기 힘든 불확실성의 시대를 살고 있다. 이러한 시기에도 인생 후반전에 비로소 세상을 주도해나가는 이들은 어떤 사람들일까? 바로 스트레스에 강하고 역경을 극복하는 회복력이 뛰어나며, 행복으로 마음 근육을 든든히 단련한 사람이다.

행복의 공식

행복에도 공식이 있다.

H=S+C+V

이것이 바로 긍정심리학의 행복 공식이다. 여기에서 'H'는 행복(happiness), 즉 지속적인 행복의 수준을, 'S'는 설정 범위(set range), 즉 이미 설정된 행복의 범위를, 'C'는 삶의 상황(circumstance), 즉 처해 있는 삶의 환경을, 'V'는 자발적 행동(voluntary), 즉 개인이 스스로 통제할 수 있는 자발적 행동을 가리킨다.

개인의 지속적인 행복 수준과 순간적인 행복 수준의 차이를 인식하는 것이 중요하다. 순간적인 행복은 초콜릿, 코미디 영화, 안마, 찬사, 꽃, 새로 산 블라우스 등으로 쉽게 증가시킬 수 있다. 그러나 불쑥 솟구쳤다가 한순간에 사라지는 행복은 우리가 추구하는 행복이 아니다. 중요한 것은 나의 행복을 지속하여 증가시키는 것이다. 순간적인 긍정 정서가 많다 해도 지속적인 행복의 수준을 증가시키는 데는 아무런 도움이 되지 않는다.

이미 설정된 행복의 범위란 무엇일까? 지금까지의 연구 결과에 따르면 개인이 가지고 있는 성격 특성 중 유전될 확률은 약 50% 정도다. 내가 측정한 행복도 점수의 절반가량이 친부모의 성격에 따라 이미 결정된 것이라 해도 과언이 아니라는 말이다. 이것은 곧 인간은 이미 정해져 있는 행복한 삶이나 불행한 삶으로 나아가도록 '조종하는' 유전자를 타고난다는 이야기일 수도 있다. 물론 유전성이 높다고 해서 타고난 성격 특성을 바꾸기 어렵다는 뜻은 아니다. 자신을 조종하는 유전자의 자극을 물리치지 않는다면, 노력함으로써 일굴 수 있는 행복보다 훨씬 더 낮은 수준의 행복을 느낄지도 모른다는 이야기다.

안타깝게도 이미 설정된 행복의 범위는 온도 자동 조절기와 같아서, 엄청난 행복을 느끼다가도 이내 본래의 행복도로 되돌아가게 하는 역할을 한다. 거액의 상금이 걸린 복권에 당첨된 22명을 대상으로 연구한 결과, 이들은 처음에 천문학적인 액수의 돈을 받게 되었을 때는 온 세상을 다 얻은 듯이 행복했다가도 얼마 지나지 않아 복권에 당첨되기 이전의 행복도로 되돌아가는 모습을 보였다. 잠깐 행복했다가 예전으로 회귀한 것이다.

그러나 다행히 이 행복 자동 조절기는 불행한 일을 당했을 때 불행에서 우리를 건져내는 역할을 하기도 한다. 실제로 우울증은 일시적으로 반복되는 증상이라 한두 달이 지나면 회복된다. 심지어 척수를 다쳐 하반신이 마비된 사람도 두 달쯤 지나니 부정 정서보다 긍정 정서가 더 많아졌다고 한다. 한두 해 정도 더 지나면 이들의 평균 행복도는 건강한 사람보다 조금 낮을 뿐 큰 차이가 없게 된다. 전신 마비 환자 중 84%가 자신의 삶이 보통이거나 보통 이상이라고 생각한다는 조사도 있다. 사람에게는 저마다 긍정 정서와 부정 정서 수준이 일정하게 정해져 있으며, 이미 설정된 행복의 범위는 유전으로 결정된 것이라는 주장과 일치한다.

행복 증진을 가로막는 또 하나의 장벽은 '쾌락'이다. 자신도 모르는 순간 쾌락에 빠져들면 그때부터는 아주 당연한 것처럼 그것에 적응해간다. 부를 축적하고 크게 성공하면 기대치는 그만큼 올라간다. 지금까지 쌓은 부와 이룩한 성공에 만족을 느끼지 못하고 더 큰 것을 바라게 된다. 따라서 자신의 행복도를 최고로 끌어올리려고 안간힘을 쓴다.

하지만 더 많은 부와 성공을 거머쥔다 해도 더 큰 것을 바라면 행복과 만족을 느낄 겨를이 없다. 만일 쾌락의 늪이 없다면 부와 성공을 이룰수록 더 행복해지는 게 당연할 것이다. 그런데 현실은 그렇지 않다. 부자나 가난한 사람의 행복도에는 큰 차이가 없다. 여러 연구 결과를 검토해봤을 때 부와 성공이 행복에 미치는 영향은 놀라울 정도로 적었다.

이처럼 S 변수들, 즉 유전적 특성과 쾌락의 늪 등 이미 설정된 행복의 범위는 행복도를 높이는 데 걸림돌이 된다. 그러나 나머지 변수인 C와 V, 즉 삶의 환경과 개인의 자발적 행동은 행복도에 강력한 영향을 미치기 때문에 얼마든지 그것을 높이는 지렛대로 삼을 수 있다.

삶의 상황, 즉 개인이 처한 환경은 사람에 따라 행복을 증진하는 요소로 작용하기도 한다. 그러나 안타깝게도 상황을 바꾼다는 것은 말처럼 쉽지 않을뿐더러 비용도 많이 드는 일이다. 사람들은 객관적인 환경에 아랑곳없이 자신의 행복도는 높게, 다른 사람의 행복도는 현저히 낮게 평가하는 경향이 있다. 보통 가난한 흑인, 실직자, 노인, 중증 장애인은 행복도가 낮고 긍정 정서보다 부정 정서가 더 많으리라고 생각한다. 하지만 그럴 수도, 그렇지 않을 수도 있다. 개인이 느끼는 행복은 주관적이기 때문이다.

행복에 관한 본격적인 연구가 이루어지기 시작한 이후 일반적인 통념상 행복한 사람의 조건은 고소득, 기혼, 젊음, 건강, 고학력, 성차별 없음, 지능 차이 없음, 종교 등으로 요약됐다. 정말 이런 요소들이 행복에 지대한 영향을 미칠까?

셀리그만은 돈, 결혼, 사회생활, 부정 정서, 나이, 건강, 종교 등은 일시적으로 행복도에 일정 정도의 영향을 미치지만, 오랫동안 지대한 영향을 미치는 것은 아니며, 교육, 날씨, 인종, 성(性)은 행복과 무관하다고 설명한다. 그러면서 만일 행복도를 계속해서 증가시키기 위해 내가 처한 외적 환경을 바꾸고자 한다면 다음과 같이 시도해볼 것을 권한다.

- 가난한 독재국가가 아닌 부유한 민주국가에서 살라(효과가 크다).

- 결혼하라(효과가 크지만, 인과관계는 불분명하다).

- 부정 사건과 부정 정서를 피하라(효과가 보통이다).

- 광범위한 대인 관계를 형성하라(효과가 크지만, 인과관계는 불분명하다).

- 신앙생활을 하라(효과가 보통이다).

그러나 행복도를 높이기 위해 다음과 같은 일을 하려고 애쓸 필요는 없다고 덧붙인다.

- 더 많은 돈을 벌라(물질만능주의자일수록 덜 행복하다).

- 건강을 지키라(중요한 것은 객관적 건강이 아니라 주관적 건강이다).

- 되도록 많은 교육을 받아라(전혀 효과가 없다).

- 자신의 인종을 바꾸거나 따뜻한 지역으로 이사하라(전혀 효과가 없다).

설령 여기서 소개한 외적 환경을 모두 바꿀 수 있다 해도 큰 도움이 되지는 않는다. 이 같은 외적 환경을 모두 합쳐도 행복도는 고작 8~15% 정도 높아질 뿐이다.

반면 행복도를 높일 수 있는 내적 환경은 많다. 자발적 행동이 그것이다. 앞서 살펴본 대로 부정 정서의 계곡에서 벗어나려는 행동, 긍정 정서의 숲으로 들어가려는 행동, 인간관계를 새롭게 구축하려는 행동, 무기력을 회복력으로 바꾸려는 행동, 나만의 강점을 찾아 이를 극대화하려는 행동 등이다.

이런 행동은 자발적·지속적이어야 한다. 누군가 강제로 시켜서 한다면 행복을 맛볼 수 없으며, 잠깐 시도하다가 중단한다면 행복도를 높일 수 없다. 자발적이며 꾸준한 행동이 뒷받침된다면 만족, 안도감, 성취감, 자부심, 평정 등 과거의 긍정 정서와 기쁨, 황홀경, 평온함, 열의, 정열, 즐거움, 몰입 등 현재의 긍정 정서 그리고 낙관성, 희망, 신념, 신뢰 등 미래의 긍정 정서를 충분히 누릴 수 있게 될 것이다.

사람들은 "어떻게 하면 행복해질까요?" 하고 묻는다. 그러나 그것은 잘못된 질문이다. 쾌락과 만족을 구분하지 않는다면 손쉬운 방법들에 너무나 쉽사리 의존하거나 숱한 쾌락에 빠지게 된다.

행복한 삶이란 무엇인가? 자신의 대표 강점과 미덕을 찾아 이를 온전히 활용하면서 자신에게 주어진 삶의 의미와 목적을 찾는 것이다. 자신의 대표 강점과 미덕을 발휘하지 않은 채 손쉽게 만족과 행복을 얻을 수 있다고 믿는 것은 어리석은 일이다.

자발적 행동은 내 자율 의지에 큰 영향을 미친다. 만일 내가 변화하려는 결단을 하고 엄청난 노력이 필요하다는 사실만 명심한다면, 내 행복도는 지속해서 증가하여 행복한 삶을 살 수 있을 것이다.

셀프 세라피스트가 돼라

나는 50대 후반에 박사 학위 논문과 책을 동시에 쓰느라 주말에 교회에 가서 예배하는 시간을 빼고는 대부분의 시간을 글 쓰는 일에만 전념했다. 한번 자리에 앉으면 10시간 이상을 몰두했으며, 집중이 잘되는 날에는 20시간 가까이 쉬지 않고 작업하기도 했다. 이것이 후에 척추관협착증의 원인이 됐다. 한자리에 오래 앉아 있다 보니 척추 안에 신경이 지나는 통로가 좁아졌고, 자꾸 신경이 압박을 받아 통증이 생긴 것이다.

그런데도 쉴 수가 없었다. 박사 학위를 받고 책이 베스트셀러가 되자 강의 요청과 원고 청탁은 더욱 늘었다. 서서 강의하는 시간과 앉아서 글 쓰는 시간이 점점 길어졌다. 엉덩이가 끔찍하게 아파 고통이 밀려왔다. 심할 때는 눈물이 날 정도였다. 의사는 시술을 권했으나 쉽사리 결정할 수가 없었다.

그러던 어느 날, 조간신문 1면에 실린 광고 한 편이 눈에 들어

왔다. 서울 강남 한 병원의 비수술적 척추관협착증 치료에 관한 광고였다. 간단한 시술로 재발과 부작용 걱정 없이 다음 날부터 정상적인 활동이 가능하다는 문구가 나를 유혹했다. 당장 예약해야겠다는 충동이 일었다. 그런데 그때 문득 다른 생각이 들었다. "내 강점을 활용하여 문제를 해결할 수 있지 않을까?"

그때까지 나는 대표 강점을 발휘하여 문제를 성공적으로 풀어낸 경험이 많았다. 고심 끝에 대표 강점을 통해 척추관협착증을 치료하기로 마음먹었다. 실천 계획서를 작성한 뒤 대표 강점인 희망(낙관성)으로 충분히 치료가 가능할 것이라고 기대했다. 창의성 강점으로는 어떤 방법이 좋을지를 찾고, 자기통제력 강점으로는 20년 가까이 새벽 5시부터 아침 7시까지 실행하고 있던 공부를 운동으로 대체하기로 했다. 끈기 강점으로 어떤 어려움이 있어도 참아내고, 영성 강점으로 매일 열심히 기도할 것을 결심했다.

책을 찾아보고 인터넷을 검색하여 얻은 자료를 바탕으로 매일 30분씩 스트레칭을 했고, 3킬로미터 넘게 걸었다. 일주일에 한 번 이상 수영과 요가를 했다. 하나같이 쉽지 않은 일이었다. 엉덩이가 너무 아파 견딜 수 없었다. 요가 학원이 집에서 300미터가량 떨어져 있었는데, 운동이 끝나고 돌아오는 길에 서너 번이나 쉬기도 했다. 하지만 포기할 수 없었다. 그렇게 6개월간 실천했다.

6개월이 되던 날 나는 7킬로미터 걷기에 도전했다. 집에서 백운산에 있는 절까지 왕복했는데, 다리가 조금 아플 뿐 고통스러운 느낌은 없었다. 이후 이틀 연속 강의를 해도 별다른 통증이 느껴지지 않았다. 국방부 회복력 감독자 양성 과정 교육은 하루 8시간씩, 토·일·월요일만 쉬고 8일간 연속으로 이어졌지만, 무리 없이 진행할 수 있을 만큼 상태가 호전됐다. 수술이나 시술 등 외부의 힘을 빌리지 않고 나의 대표 강점만으로 건강을 회복한 것이다. 이렇듯 나는 일상에서 중요한 일이나 새로운 일을 시작할 때마다 늘 대표 강점을 최우선으로 활용한다.

나이가 들면 누구나 건강에 관해 걱정하기 마련이다. 특별히 나는 건강에 신경을 더 많이 쓰는 편이다. 다면적 인성 검사(MPPI-2)로 심리 측정을 해봐도 임상 척도에서 우려할 정도는 아니지만 '건강 염려증 척도'가 비교적 높게 나오기도 했다. 나는 우리나라 국민의 평균수명이 70세 정도일 때부터 스스로 100세까지는 살겠다고 다짐했다. 나는 남들보다 20년이나 늦게 공부를 시작했기에 그만큼 해야 할 일이 많다고 생각하기 때문이다. 그래서 매년 종합 건강검진도 받는다.

나는 평소 긍정심리학을 삶에 적용하다 보니 예방을 먼저 생각한다. 익숙하고 편안한 것에서 돌이켜 새롭게 행동을 바꾼다는 것은 결코 쉬운 일이 아니다. 그러나 내가 가장 잘하고 좋아하는 것, 즉 대표 강점을 발휘하면 행동을 바꿀 수 있는 확률이 훨씬 높아진다. 나이가 많다고 또는 바쁘다고 단념하거나 포기하지 말고 시도해보라. 몇 개월 후 내 인생이 바뀔 수도 있다.

살아가면서 가장 뿌듯할 때 혹은 행복을 느낄 때는 언제일까? 아마도 어려움에 처한 누군가에게 도움을 줬는데, 그 사람이 훗날 번듯하게 성공하거나 누구보다 행복하게 살아가는 모습을 볼 때가 아닐까? 나 역시 그렇다. 가정 위기로 이혼의 문턱까지 다다랐던 50대 초반의 부부들에게 꾸준히 긍정심리 상담(치료)을 진행한 결과, 어려운 고비를 넘기고 다시 행복한 가정을 만들어가게 된 그들을 보면 뿌듯함과 행복으로 가슴이 벅차오른다.

정연 씨는 내가 박사 논문을 쓰기 위해 긍정심리 치료 집단 상담 프로그램을 진행할 때 참여했던 사람 중 한 명이다. 전업주부인 그녀에게는 개인 사업을 하는 남편과 두 아들이 있었다. 15회로 진행한 집단 상담 과정에서 그녀는 겉으로는 밝고 당당해 보였지만 내면에는 뭔가 스스로 감당하기 힘든 응어리가 쌓여 있는 듯했고, 무기력에 빠진 것 같았다.

심각성을 인지한 나는 10회를 마치고 나서 그녀에게 집단 상담과 개인 상담을 병행할 것을 권유했다. 개인 상담 8회차가 지날 즈음에는 남편도 같이 부부 상담을 받는 게 좋겠다는 생각이 들었다. 정연 씨와 함께 남편을 설득한 결과, 9회차부터는 부부 상담을 진행할 수 있었다.

두 사람은 어린 시절 한 고장에서 함께 자라며 사랑을 키워 결혼했지만, 살면서 성격 차이가 심각하다는 것을 알게 됐다. 남편은 내성적이라 신중하고 차분했으나, 아내는 활기 넘치고 열정적인 외향적 성격이었다. 시간이 흐를수록 서로 다툼이 잦아지면서 불신을 넘어 슬픔과 분노까지 느끼는 심각한 상황이 전개됐고, 급기야 남편의 행동에 의심까지 품게 되자 아내는 극심한 배신감으로 우울증과 외로움을 겪었다. 이를 극복하기 위해 술을 마시기 시작한 두 사람은 어느덧 술이 없으면 정상적인 생활을 할 수 없을 정도의 알코올의존증 상태에 이르고 말았다.

긍정심리 치료는 긍정심리학의 팔마스와 성격 강점을 통하여 행복을 만들어서 심리 치료를 하는 치료법이다. 이 부부의 성격 강점 검사 결과 남편의 대표 강점은 정직, 신중성, 겸손, 감사, 영성이었고, 아내의 대표 강점은 열정, 친절, 정직, 유머, 영성이었다. 부부의 대표 강점이 정직과 영성을 제외하고 상반되다 보니 서로를 이해하지 못하고, 집 안에서나 밖에서나 서로 상대의 행동이 마음에 들지 않았던 것이다. 대표 강점은 내가 가장 좋아하고 잘하는 것이다 보니 자신도 모르게 남용하는 경우가 자주 발생한다. 남편은 아내가 어디에 가나 오지랖을 떤다며 창피해했고, 아내는 남편이 답답해서 숨을 못 쉬겠다고 비난했다.

이 부부는 강점 검사를 통해 자신들의 성격 강점을 찾아냄으로써 서로의 정체성을 확인했고, 상담을 통해 상대가 어떤 상황에서 왜 그렇게 행동했는지를 비로소 이해하기 시작했다. 다행스럽게도 이들 부부의 상황은 일반 상담에서는 상상하기 힘들 정도로 매회기마다 빠르게 호전됐다. 15회 치료를 모두 마친 이 부부는 술을 끊고 알코올의존증에서 벗어났으며, 자녀들에게도 같은 방법을 적용함으로써 부모와 자식 간의 관계도 회복되어 다시 행복한 가정을 만들 수 있었다.

내가 학장으로 일하고 있는 한국긍정심리대학의 슬로건은 '셀프 세라피스트(self therapist)가 되자'이다. 이 대학은 비영리단체로 1년 2학기 과정이며, 사명은 "너는 가서 더 많은 사람의 행복을 만들어 주라"이다. 2025년부터는 등록비 없이 무료로 운영할 예정이다. 셀프 세라피스트란 긍정심리학의 과학적 방법으로 스스로 행복을 만들고 심리적 문제를 해결하며, 성장까지 이루는 사람을 말한다.

현재 우리 사회 분위기는 지나칠 만큼 부정적이고 비관적으로 편향되어 있다. OECD 국가 중 자살률 1위, 이혼율 1위, 출생률 최하위라는 암울한 지표와 갈수록 극단적으로 치닫는 이념과 정치의 대립 등이 그것을 증명한다.

이렇게 편향된 사회이다 보니 역경과 트라우마를 경험하는 사람이 날로 증가하고 있으며, 우울증, 불안증, 분노, 죄책감, 수치심, 무기력, 외상후스트레스장애 등 심리적 증상이 유발되어 많은 사람이 행복하지 못한 삶을 살아가고 있다.

나는 긍정심리학을 연구하고 가르치면서 마음이 아픈 순간이 정말 많다. 얼마든지 성격을 바꿀 수 있다는 사실, 역경을 극복할 수 있다는 사실, 누구나 행복을 만들어나갈 수 있다는 사실만 알아도 더 많은 사람이 불행의 덫에서 벗어나 행복해질 수 있음을 알기 때문이다.

그래서 나는 사람들에게 행복을 만들어주고, 심리적 문제까지 해결해주는 셀프 세라피스트를 양성하기 위해서 한국긍정심리대학을 설립했다. 셀프 세라피스트가 많아진다면 우리 사회의 행복도는 자연스럽게 올라갈 것이다.

행복 만들기 1-2-3 운동

지금까지 긍정심리학을 통해 50대의 관점에서 무엇이 행복이고 어떻게 행복을 만들 수 있는지를 살펴봤다. 그렇다면 앞으로 남은 과제는 무엇일까? 긍정심리학은 머리로 이해하고 마음으로 느끼는 것으로 끝이 아니다. 손발로 실천하고 내 것으로 만들어 일상에서 자연스럽게 활용할 수 있어야 한다. 연습과 노력이 필요하다는 이야기다.

행복을 최고선(最高善, highest good)으로 보고 덕에 따른 영혼의 활동이라고 정의한 아리스토텔레스는 "최고라는 생각만 가지고는 절대 최고의 자리에 오를 수 없다. 중요한 것은 최고가 되기 위한 노력과 실천이다"라고 했다. 행복은 거저 주어지는 것이 아니라는 말이다.

많은 의사가 건강을 위해 지방은 줄이고 채소와 과일을 충분히 섭취하라고 환자들에게 권하지만, 그렇게 말하는 의사들의

40%가 과체중이라고 한다. 학생들은 컴퓨터게임과 동영상 시청이 공부에 도움이 되지 않는다는 사실을 잘 알고 있으나, 틈만 나면 게임을 하고 동영상을 본다. 누구보다 도덕적이고 성실한 자세를 유지하며, 다른 사람들에게 모범을 보여야 함을 분명히 인식하고 있을 고위 공직자나 교육자, 성직자 들이 그럼에도 불구하고 부도덕하고 파렴치한 행위를 저지르다 적발되는 일이 비일비재하다. 왜 이러는 것일까? 몰라서 그러는 게 아니다. 머리로만 알고 있기에 손과 발이 한 치 앞도 내다보지 못하고 따로 노는 것이다.

정상급 운동선수들은 최고의 성적을 내기 위해 시합 전 습관적으로 워밍업, 즉 준비운동을 한다. 연주자, 성악가 들도 마찬가지다. 누구든 준비가 되어 있어야 실력을 발휘할 수 있다. 행복도 그렇다. 행복을 만들려면 앞서 설명한 긍정 도구들을 자연스럽게 활용할 수 있어야 한다. 다만 한꺼번에 많은 것을 활용하기는 어렵다. 상황과 환경에 맞게 선택해서 실행하면 된다.

나는 2019년부터 '행복 만들기 1-2-3 운동'을 전파하고 있다. '전 국민 행복 지수 10점 올리기 프로젝트'의 일환이다. 많은 긍정 도구 중 행복 워밍업, 대표 강점 적용하기, 감사 일기 쓰기 이 세 가지를 집중적으로 적용하자는 운동이다. 이 도구들은 과학적으로 검증된 우수한 것들이며, 나이와 환경에 구애받지 않고 누구든 언제 어디서나 삶에 적용하여 행복을 만들 수 있도록 도와준다.

'1'은 행복 워밍업으로, 선행하기다. 나는 강의를 시작하기 전에 항상 청중들이 옆 사람과 형식적 인사가 아닌 마음속에서 우러나오는 진심 어린 자세로 "행복하세요" 하고 인사를 나누게끔 한다. 웃음은 기쁨과 즐거움, 만족 등 긍정 정서의 특성이기 때문이다.

오늘 하루 동안 나에게 일어난 사소하지만 좋은 일들을 잠깐 생각해보자. 누구나 일상생활에서 수시로 경험하는 사소한 일들이 실은 행복을 만들 수 있는 가장 간단한 방법이다.

- 아침 식사를 준비해 쟁반에 올린 다음 사랑하는 사람에게 직접 가져다준다.
- 오후 시간에 동료들에게 초콜릿이나 차 한 잔을 가져다준다.
- 횡단보도를 건너는 어르신이 있다면 그분이 불안해하며 건너지 않도록 속도를 맞추어 30센티미터 뒤에서 걸어간다.
- 지하도나 육교 계단에서 어르신의 짐을 들어주거나 손을 잡고 보행을 도와준다.
- 익숙하지 않은 음악 장르의 공연을 보러 가거나 뭔가 새롭고 색다른 일을 시도해본다.
- 관심 있는 책을 읽고 거기에서 중요하다고 생각하는 문장 10개를 옮겨 적어본다.

이상의 긍정 도구는 긍정심리학과 인생 목표 설정 이론을 최초로 결합한 책『와튼 스쿨에서 배우는 베스트 인생 목표 이루기』의 저자인 미국 뉴욕대학교 긍정심리학 교수 캐럴라인 애덤스 밀러(Caroline Adams Miller)가 개발한 것이다. 횡단보도를 건너는 노인이 있다면 약 30센티미터 뒤에서 걸어가보자. 그분은 걸음이 느려 길을 건너는 도중에 신호가 바뀔까 봐 불안할 것이다. 하지만 누군가 같이 걷는 사람이 뒤에 있다는 사실만으로도 안심하고 편안한 마음으로 횡단보도를 건널 수 있다. 그냥 따라만 가지 말고 '내가 이 어르신이 편안한 마음으로 건널 수 있도록 뭔가 의미 있는 역할을 하고 있구나' 하고 생각하면 가슴이 뿌듯할 것이다.

이렇듯 하루에 한 가지씩 진심 어린 마음과 행동으로 나 이외의 누군가를 위해 도움을 주는 것이 바로 행복 워밍업이다. 삶의 현장에서 행복해질 마음의 준비 태세를 갖추는 것이다.

나는 매일 아침 아내의 식사를 챙겨주면서 긍정 정서를 배양한다. 출근길 톨게이트 요금소 직원에게도 진심 어린 마음으로 반갑게 인사하면서 행복 워밍업을 한다. 나는 안양의 한 외곽 고속도로를 통해 평촌 연구소로 출근한다. 그때마다 톨게이트를 통과하는데, 그곳에는 통행료를 받는 직원이 있다. 나는 통행료를 낼 때 차를 최대한 요금소 가까이에 댄다. 직원의 수고를 조금이라도 덜어주기 위해서다.

그리고 요금을 건네면서 밝게 인사한다. "안녕하세요, 좋은 아침입니다!" 그 직원은 인사를 받을까, 안 받을까? 대부분 받지 않는다. 기분이 나쁠 수 있지만, 신경 안 쓰고 거스름돈을 받으며 또 인사한다. "감사합니다. 행복한 하루 되십시오!" 이번에는 인사를 받을까, 안 받을까? 역시 대부분 받지 않는다. 이 정도면 유쾌한 기분이 아닐 수도 있다. 하지만 나는 개의치 않는다. 내가 하고 싶어서 그렇게 한 것이기 때문이다.

세상은 주고받기에 익숙하다. 그래서 교환이론이라는 것도 생겼다. 그러나 행복은 주고받기가 아닌 주는 것이다. 주고받기를 원한다면 행복은 멀리 떠나가버린다. 지금까지 특별한 의미와 가치를 부여하지 않고 의무나 친절 차원에서 하던 일이라도 이제부터 의미와 가치를 부여하면서 작은 것부터 행복 워밍업을 실천하면 나의 일상은 행복으로 채워질 것이다.

'2'는 대표 강점 적용하기다. 자신의 대표 강점을 두 가지씩 일상에서 발휘하는 것이다.

'3'은 감사 일기 쓰기다. 그날 하루 잘된 일 세 가지와 그 일이 왜 잘됐는지 이유를 쓴다.

처음 시작하려면 부담이 될 수도, 믿음이 가지 않을 수도 있다. 하지만 꾹 참고 꾸준히 실천하다 보면 하루하루 내 삶의 모습이 달라질 것이다. 무의미했던 하루가 의미 있게 변하고, 무기력했던 몸에 생기가 돌며, 우울하던 기분이 유쾌해지고, 불안하던 마음에 평화가 찾아오며, 스트레스에 짓눌려 짜증과 분노를 달고 살던 일상이 긍정 정서가 넘쳐나는 일상으로 바뀔 것이다. 처음부터 세 가지를 다 실천하는 것이 부담스럽다면 한 가지씩 늘려가면 된다.

100세 철학자로 잘 알려진 김형석 연세대 명예교수는 여러 강연과 인터뷰에서 "인생에서 가장 좋고 행복한 나이는 60세에서 75세까지다"라고 말했다. 60세쯤 되니 조금 철이 드는 것 같았고, 75세까지는 성장하는 것 같았다고 말이다. 그는 성장하는 동안은 늙지 않는다고 강조한다. 정년퇴직한 후에는 더 열심히 일했는데, 그즈음 가장 좋은 책들이 나왔다고 한다. 그가 인생에서 열매를 맺은 기간은 이때였던 것이다. 그래서 그는 60대에는 제2의 출발을 해야 한다고 강조한다. 공부를 다시 시작하고, 과거에 하지 못했던 취미 활동도 시작하고, 놀지 말고 일해야 한다는 것이다.

두고두고 곱씹어볼 만한 말이다. 50대는 인생의 황금기를 앞둔 시점이다. 전반전을 어떻게 살았든 관계없이 내 삶에서 가장 좋고 행복할 수 있는 순간을 맞이하게 되는 것이다.

50대는 지난 50년을 돌아보며 후회하고 자책하는 나이가 아니라, 다가올 50년을 바라보며 벅찬 감격으로 제2의 인생을 준비하는 시기다. 전반전에 달콤한 행복을 맛보다가 후반전에 쓰디쓴 불행을 맛보는 것보다는 전반전에 쓰디쓴 불행을 맛보았을망정 후반전에 달콤한 행복을 맛보는 인생이 백번 낫다.

그 방법은 지금까지 이미 다 이야기했다. 현실을 직시하고 자신의 대표 강점을 연마하여 행복의 공식대로 꾸준히 실천하는 것이다. 팔마스를 갖춰 셀프 세라피스트가 되면 누구나 플로리시한 삶을 살 수 있다.

긍정심리학은 병과 고통의 부재 그 이상의 것을 줄 수 있는 해답이다. 일단 행복 만들기 1-2-3 운동부터 실행해보자. 셀리그만을 처음 만났을 때 그는 내게 이런 말을 했다. "행복을 원한다면 지금까지 당신이 갖고 있던 행복에 대한 시각부터 바꾸십시오." 그렇다. 시각을 바꾸면 보이지 않던 것이 보인다.

Q 'H=S+C+V'라는 행복의 공식을 완전히 이해하고 수긍하는가?

Q 나에게 가장 가치 있고 의미 있는 삶이란 어떤 것일까?

▶ '플로리시 지수 진단법'으로 나의 행복 지수를 진단해보자.

플로리시 지수 진단법(FRI, Flourishing inventory)은 2014년 마틴 셀리그만이 고안한 것으로, 긍정심리 치료와 함께 긍정심리학의 행복을 진단하는 가장 유명한 진단법이다. 이 진단법은 행복과 웰빙을 과학적으로 측정하고 만들어주는, 긍정심리학의 팔마스(긍정 정서, 몰입, 관계, 의미, 성취)를 바탕으로 만든 35가지 문항을 담고 있다(건강과 회복력은 비교 분석을 하지 않음). 아래 문항을 자세히 읽고 최근 일주일 내의 자신에게 가장 잘 맞는 답변을 선택해보자. 참고로 문항 중에는 강점과 관련된 질문도 포함되어 있다.

* 1=전혀 그렇지 않다, 2=거의 그렇지 않다, 3=가끔 그럴 때도 있다, 4=자주 그런 편이다, 5=언제나 그런 편이다.

1. 나는 기쁨이 넘친다 ____

2. 나는 내 강점을 잘 알고 있다 _____

3. 나는 정기적으로 교류하는 이들과 좋은 관계를 맺고 있다 _____

4. 내가 하는 일은 사회에 영향을 줄 수 있다 _____

5. 나는 목표 의식이 뚜렷하고 포부가 큰 사람이다 _____

6. 나는 건강한 식단을 지향한다 _____

7. 나는 시험을 잘 못보는 등의 악재로부터 빨리 회복하는 편이다 _____

8. 다른 사람들은 내가 행복해 보인다고 말한다 _____

9. 나는 나의 강점을 활용할 수 있는 활동을 찾아 나선다 _____

10. 나는 내가 사랑하는 이들에게 친밀감을 느낀다 _____

11. 나는 내 삶에 목적이 있다고 생각한다 _____

12. 타인의 성공은 영감이 되어 내 목표를 이루는 데 도움을 준다 _____

13. 나는 평소 집안일을 할 힘이 남아 있다 _____

14. 나는 스트레스를 받는 상황에서 쉬이 감정에 휩쓸리지 않는다 _____

15. 나는 내 삶의 좋은 점들을 인지하고 감사함을 느낀다 _____

16. 나는 문제를 해결할 때 강점을 활용한다 _____

17. 나에게 힘든 일이 닥칠 때 나를 지원해줄 사람이 곁에 있다 _____

18. 나는 종교적 활동에 참여한다 _____

19. 나는 지금까지 살면서 많은 일을 잘 해냈다 _____

20. 나는 나를 건강하게 유지하는 습관들을 가지고 있다 _____

21. 나는 문제 해결 시 대책을 찾을 때까지 다양하게 시도한다 _____

22. 나는 안정되어 있다 _____

23. 나는 강점을 사용하는 활동을 할 때 집중력이 좋은 편이다 _____

24. 내 주위에는 나를 성장시키고 행복하도록 도와주는 사람들이 있다 _____

25. 나는 내 자아보다 더 높은 곳에 이바지하는 일을 한다 _____

26. 나는 목표를 세우면 반드시 이룬다 _____

27. 나는 잘 때 숙면한다 _____

28. 나는 주어진 과제가 아무리 어려워도 포기하지 않고 노력한다 ____

29. 나는 웃을 때 진심 어린 마음으로 크게 웃는다 ____

30. 내 강점을 이용해서 활동할 때 시간이 빨리 흘러간다 ____

31. 내 말을 경청하고 마음을 헤아려주는 사람이 한 명은 있다 ____

32. 나는 내 강점을 이용해서 다른 사람을 돕는다 ____

33. 나는 목표를 성취하고 나면 새로운 목표를 성취하고 싶어진다 ____

34. 나는 정기적으로 스포츠나 신체 운동을 즐긴다 ____

35. 나는 힘든 상황 속에서도 내 감정과 행동을 통제할 수 있다 ____

표시를 마쳤다면, 다음 표에 따라 점수를 집계해보자. 긍정 정서, 몰입, 관계, 의미, 성취, 건강, 회복력의 범주에서 내 행복도를 체계적으로 점검해볼 수 있다. 또한 일반인과 내담자의 평균 점수와 비교하여 내 상황을 미루어볼 수도 있다.

분야	번호	합계	일반인 평균	내담자 평균
긍정 정서	1, 8, 15, 22, 29		21	14
몰입	2, 9, 16, 23, 30		21	16
관계	3, 10, 17, 24, 31		22	14
의미	4, 11, 18, 25, 32		21	18
성취	5, 12, 19, 26, 33		21	18
건강	6, 13, 20, 27, 34		—	—
회복력	7, 14, 21, 28, 35		—	—

참고문헌

Beck, A. T. (1967). *Cognitive therapy and thee motional disorders.* New York: International Universities Press.

Bertisch, H., Rath, J., Long, C., Ashman, T., & Rashid, T. (2014). "Positive psychology in rehabilitation medicine: A brief report." *Neuro Rehabilitation, 34*(3), 573. 585.

Biswas-Diener, R., Kashdan, T. B., & Minhas, G. (2011). "A dynamic approach to psychological strength development and intervention." *The Journal of Positive Psychology, 6*(2), 106. 118.

Borysenko, J. (2009). *It's Not the End of the World: Developing Resilience in Times of Change.* New York: Hay House LLC.

Bryant, F. B. (1989). "A four-factor model of perceived control: Avoiding, coping obtaining, and savoring." *Journal of Personality, 57*, 773. 797.

Bryant, F. B., & Veroff, J. (2007). *Savoring: A new model of positive experience.* Mahwah, NJ: Erlbaum.

Carr, A., Finnegan, L., Griffin, E., Cotter, P., & Hyland, A. (2017). "A randomized controlled trial of the Say Yes To Life(SYTL) positive psychology group psychotherapy program for depression: An interim report." *Journal of Contemporary Psychotherapy, 47*(3), 153. 161.

Csikszentmihalyi, M. (1990). *Flow: The psychology of optimal experience.* New York: HarperCollins.

Csikszentmihalyi, M. (1996). *Creativity: Flow and the Psychology of Discovery and Invention.* New York: HarperCollins.

Drak, M., Williams, S., et al. (2021). *Retirement Heaven or Hell.* New York: M + M Publishing.

Diener, B. R. (2010). *Practicing Positive Psychology Coaching*. New York: John Wiley.

Diener, E., Lyubomirsky, S., & King, L. (2005), "The Benefits of Frequent Positive Affect: Does Happiness Lead to Success?" *Psychological Bulletin, 131*(6), 803-855.

Diener, E. (1984). "Subjective Well-being." *Psychological Bulletin, 95*, 542-575.

Duckworth, A. L., Peterson, C., Matthews, M. D., & Kelly, D. R. (2007). "Grit: Perseverance and passion for long-term goals." *Journal of Personality and Social Psychology, 92*, 1087.1101.

Duckworth, A. L., Steen, T. A., & Seligman, M. E. P. (2005). "Positive psychology in clinical practice." *Annual Review of Clinical Psychology, 1*(1), 629. 651. doi :10.1146/annurev.clinpsy.

Easterlin, R. A. (2021). *An Economist's Lesson on Happiness*. New York: Springer.

Fava, G. A. (2016). "Well-being therapy." In A. M. Wood & J. Johnson(Eds.), *The Wiley handbook of positive clinical psychology*(pp. 395. 407). Chichester, UK: John Wiley.

Fitzpatrick, M. R., & Stalikas, A. (2008). "Integrating positive emotions into theory, research, and practice: A new challenge for psychotherapy." *Journal of Psychotherapy Integration, 18*, 248. 258.

Folkman, S., & Moskowitz, J. T. (2000). "Positive affect and the other side of coping." *American Psychologist, 55*(6), 647. 654.

Fordyce, M. W. (1983). "A program to increase happiness: Further studies." *Journal of Consulting Psychology, 30*, 483. 498.

Forgeard, M. J. C., & Seligman, M. E. P. (2012). "Seeing the glass half full: A review of the causes and consequences of optimism." *Pratiques Psychologiques, 18*(2), 107. 120.

Fredrickson, B. L., & Losada, M. F. (2005). "Positive affect and the complex dynamics of human flourishing." *American Psychologist, 60*(7), 678. 686.

Graham, J. E., Lobel, M., Glass, P., & Lokshina, I. (2008). "Effects of written constructive anger expression in chronic pain patients: Making meaning from pain." *Journal of Behavioral Medicine, 31*, 201. 212.

Guney, S. (2011). "The Positive Psychotherapy Inventory(PPTI): Reliability and validity study in Turkish population." *Social and Behavioral Sciences, 29*, 81. 86.

Hawkes, D. (2011). "Review of solution focused therapy for the helping professions." *Journal of Social Work Practice, 25*(3), 379. 380.

Hicks, J. A., & King, L. A. (2009). "Meaning in life as a subjective judgment and a lived experience." *Social and Personality Psychology Compass, 3*(4), 638. 658.

Houltberg, B. J., Henry, C. S., Merten, M. J., & Robinson, L. C. (2011). "Adolescents' perceptions of family connectedness, intrinsic religiosity, and depressed mood." *Journal of Child and Family Studies, 20*(1), 111. 119.

Jahoda, M. (1958). *Current concepts of positive mental health.* New York: Basic Books.

Joormann, J., Dkane, M., & Gotlib, I. H. (2006). "Adaptive and maladaptive components of rumination, Diagnostic specificity and relation to depressive biases." *Behavior Therapy, 37*, 269. 280.

Kahneman, D., Diener, E., & Schwarz, N.(Eds.). (1999). *Well-being: The foundations of hedonic psychology.* New York: Rushell Sage.

Kashdan, T. B., & Rottenberg, J. (2010). "Psychological flexibility as a fundamental aspect of health." *Clinical Psychology Review, 30*, 865. 878.

Lyubomirsky, S., & Layous, K. (2013). "How do simple positive activities increase well-being." *Current Directions in Psychological Science, 22*, 57. 62.

Maddux, J. E. (2008). "Positive psychology and the illness ideology: Toward a positive clinical psychology." *Applied Psychology, 57*, 54. 70.

Marano, H. E. (2001). "Depression doing the Thinking: Take action right now to convert negative to positive thinking." *Psychology Today July 1, 2001* (last reviewed on June 9, 2016).

Masten, A. S., & Reed, M.-G. J. (2002). "Resilience in development." In C. R. Snyder & S. J. Lopez(Eds.), *Handbook of positive psychology*(pp. 74 – 88). Oxford University Press.

McKnight, P. E., & Kashdan, T. B. (2009). "Purpose in life as a system that creates and sustains health and well-being: An integrative, testable theory." *Review of General Psychology, 13*(3), 242. 251.

Meyer, P. S., Johnson, D. P., Parks, A., Iwanski, C., & Penn, D. L. (2012). "Positive living: A pilot study of group positive psychotherapy for people with schizophrenia." *The Journal of Positive Psychology, 7*, 239. 248.

Mitchell, J., Stanimirovic, R., Klein, B., & Vella-Brodrick, D. (2009). "A randomised controlled trial of a self-guided Internet intervention promoting well-being." *Computers in Human Behavior, 25*, 749. 760.

Mongrain, M., & Anselmo-Matthews, T. (2012). "Do positive psychology exercises work? A replication of Seligman et al. (2005)." *Journal of Clinical Psychology, 68*, 382. 389. 338 References 38

Myers, D. G., & Diener, E. (1999). "If we are so rich, why aren't we happy?" *American Psychologist, 54*, 821-827.

Nakamura, J., & Csikszentmihalyi, M. (2002). "The concept of flow." In C. R. Snyder & S. J. Lopez(Eds.), *Handbook of positive psychology*(pp. 89. 105). New York and Oxford: Oxford University Press.

Niemiec, R. M. (2013). *Mindfulness and Character Strengths A Practical Guide to Flourishing*. New York: Hogrefe Publishing.

Niemiec, R. M. (2019). *The Power of Character Strengths*. New York: VIA Instituti on Chracter.

Ochoa, C., Casellas-Grau, A., Vives, J., Font, A., & Borras, J. (2017). "Positive psychotherapy for distressed cancer survivors: Posttraumatic growth facilitation reduces posttraumatic stress." *International Journal of Clinical and Health Psychology, 17*(1), 28. 37.

Odou, N., & Vella-Brodrick, D. A. (2013). "The efficacy of positive psychology interventions to increase well-being and the role of mental imagery ability." *Social Indicators Research, 110*(1), 111. 129.

Park, N., & Peterson, C. (2006). "Values in Action(VIA) inventory of character strengths for youth." *Adolescent & Family Health, 4*, 35. 40.

Park, N., Peterson, C., & Seligman, M. E. P. (2004). "Strengths of character and well-being." *Journal of Social & Clinical Psychology, 23*, 603. 619.

Pennebaker, J. W., & Evans, J. F. (2014). *Expressive writing: Words that heal.* Enumclaw. WA: Idyll Arbor.

Peterson, C. (2006). *Primer in positive psychology*. New York: Oxford University Press.

Peterson, C., & Seligman, M. E. P. (2004). *Character strengths and virtues: A handbook and classification*. New York and Oxford: Oxford University Press and Washington, DC: American Psychological Association.

Rashid, T. (2004). "Enhancing strengths through the teaching of positive psychology." *Dissertation Abstracts International, 64*, 6339.

Rashid, T., & Howes, R. N. (2016). "Positive psychotherapy." In A. M. Wood & J. Johnson(Eds.), *The Wiley handbook of positive clinical psychology*(pp. 321. 347). Chichester, UK: John Wiley.

Rashid, T., & Seligman, M. E. P. (2018). *Positive psychotherapy: Clinician manual*. UK: Oxford University Press.

Rashid, T., Summers, R., & Seligman, M. E. P. (2015). "Positive Psychology; Chapter 30." In A. Tasman., J. Kay, J. Lieberman, M. First & M. Riba(Eds.), *Psychiatry(Fourth Edition)*(pp. 489-499), New York: Wiley-Blackwell.

Rasmussen, H. N., Scheier, M. F., Greenhouse, J. B. (2009). "Optimism and physical health: a meta-analytic review." *Ann Behav Med. Jun; 37*(3), 239-256.

Reivich, K., Shatte, A. (2003). *The Resilience Factor: 7 Keys to Finding Your Inner Strength and Overcoming Life's Hurdles*. New York: Random House.

Ryff, C. D., & Singer, B. (1996). "Psychological well-being: Meaning, measurement, and implications for psychotherapy research." *Psychotherapy and Psychosomatics, 65*, 14. 23.

Schnell, T. (2009). "The Sources of Meaning and Meaning in Life Questionnaire (SoMe): Relations to demographics and well-being." *The Journal of Positive Psychology, 4*, 483. 499.

Schueller, S. M., & Parks, A. C. (2012). "Disseminating self-help: Positive psychology exercises in an online trial." *Journal of Medicine Internet Research 14*(3), e63.

Seligman, M. E. P. (2018). *The Hope Circuit: A Psychologist's Journey from Helplessness to Optimism*. New York: Hachette Book Group.

Seligman, M. E. P. (1991). *Learned optimism*. New York: Knopf.

Seligman, M. E. P. (2002a). *Authentic happiness: Using the new positive psychology to realize your potential for lasting fulfillment*. New York: Free Press.

Seligman, M. E. P. (2006). "Afterword: Breaking the 65 percent barrier." In M. C. I. S. Csikszentmihalyi(Ed.), *A life worth living: Contributions to positive psychology*(pp. 230. 236). New York: Oxford University Press.

Seligman, M. E. P. (2012). *Flourish: A visionary new understanding of happiness and well-being*. New York: Simon & Schuster.

Seligman, M. E. P., & Csikszentmihalyi, M. (2000). "Positive psychology: An introduction." *American Psychologist, 55*(1), 5. 14.

Seligman, M. E. P., Rashid, T., & Parks, A. C. (2006). "Positive psychotherapy." *American Psychologist, 61,* 774. 788.

Shafer, A. B. (2006). "Meta-analysis of the factor structures of four depression questionnaires: Beck, CES-D, Hamilton, and Zung." *Journal of Clinical Psychology, 62,* 123. 146.

Skaggs, B. G., & Barron, C. R. (2006). "Searching for meaning in negative events: concept analysis." *Journal of Advanced Nursing March 1, 2006 Psychology*.

Stewart, T., & Suldo, S. (2011). "Relationships between social support sources and early adolescents' mental health: The moderating effect of student achievement level." *Psychology in the Schools, 48*(10), 1016. 1033.

Tedeschi, R. G., & Calhoun, L. G. (1996). "The posttraumatic growth inventory: Measuring the positive legacy of trauma." *Journal of Traumatic Stress, 9*(3), 455. 472.

Tedeschi, R. G., & Calhoun, L. G. (1996), Post-traumatic Growth Inventory(PTGI).

Waterman, A. S. (1993). "Two conceptions of happiness: Contrasts of personal expressiveness(eudaimonia) and hedonic enjoyment." *Journal of Personality and Social Psychology, 64*(4), 678 - 691.

Worthington, E. L. (2006). "Forgiveness and reconciliation: Theory and application."

Worthington, E. L., & Drinkard, D. T. (2000). "Promoting reconciliation through psychoeducational and therapeutic interventions." *Journal of Marital and Family*

Therapy, 26, 93. 101.

Worthington, E. L., Hook, J. N., Davis, D. E., & McDaniel, M. A. (2011). "Religion and spirituality." *Journal of Clinical Psychology, 67*(2), 204. 214.

데일 카네기 지음, 임상훈 옮김,『데일 카네기 인간관계론』(현대지성, 2019).

로버트 B. 디너 지음, 윤상운·우문식 옮김,『긍정심리학 코칭 기술』(물푸레, 2011).

리처드 이스털린 지음, 안세민 옮김,『지적 행복론』(월북, 2022).

마이크 드락·수잔 윌리엄스·롭 모리슨 지음, 김지동 옮김,『노후의 재구성』(유노 북스, 2023).

마틴 셀리그만 지음, 김인자·우문식 옮김,『긍정심리학』(물푸레, 2014).

마틴 셀리그만 지음, 우문식·윤상운 옮김,『플로리시』(물푸레, 2011).

마틴 셀리그만 지음, 우문식·최호영 옮김,『낙관성 학습』(물푸레, 2012).

마틴 셀리그만·테이얍 라시드 지음, 우문식·이미정 옮김,『긍정심리치료 치료자 매뉴얼』(물푸레, 2020).

미리엄 악타르 지음, 이한나 옮김,『긍정심리학 마음교정법』(프로제, 2020).

미하이 칙센트미하이 지음, 심현식 옮김,『몰입의 경영』(민음인, 2006).

바버라 프레드릭슨 지음, 우문식·최소영 옮김,『내 안의 긍정을 춤추게 하라』(물 푸레, 2015).

빅터 프랭클 지음, 이시형 옮김,『죽음의 수용소에서』(청아출판사, 2005).

섀넌 폴리·캐스린 브라이턴 지음, 우문식·이미정 옮김,『긍정심리학의 강점특 권』(물푸레, 2018).

셰릴 샌드버그·애덤 그랜트 지음, 안기순 옮김,『옵션 B』(와이즈베리, 2017).

송준호·우문식 지음,「조직구성원의 성격 특성이 행복에 미치는 영향: M. Seligman의 행복공식 관점의 접근」, 한국기업경영학회(2013).

알랭 드 보통 지음, 정영목 옮김,『불안』(은행나무, 2011).

앤서니 그랜트·앨리슨 리 지음, 정지현 옮김,『행복은 어디에서 오는가』(비즈니 스북스, 2013).

앤절라 더크워스 지음, 김미정 옮김,『그릿 GRIT』(비즈니스북스, 2016).

어니 J. 젤린스키 지음, 문신원 옮김,『느리게 사는 즐거움』(물푸레, 2000)

에드 디너·로버트 비스워스 디너 지음, 오혜경 옮김,『모나리자 미소의 법칙』(21

세기북스, 2009).

에디트 에바 에거 지음, 안진희 옮김, 『마음 감옥에서 탈출했습니다』(위즈덤하우스, 2021).

우문식 지음, 『긍정심리학이란 무엇인가』(물푸레, 2017).

우문식 지음, 『마음 근육 키우기』(물푸레, 2022).

우문식 지음, 『마틴 셀리그만의 팔마스 중심 긍정심리학』(학지사, 2021).

우문식 지음, 『행복4.0』(물푸레, 2014).

우문식 지음, 「긍정심리가 리더십에 미치는 영향」, 석사 학위 논문(2010).

우문식 지음, 「긍정심리의 긍정정서와 성격강점이 조직성과에 미치는 영향」, 박사 학위 논문(2013).

우문식 지음, 「긍정심리학 기반의 긍정심리치료(PPT) 프로그램이 참여자의 행복 및 회복력에 미치는 효과」, 박사 학위 논문(2020).

우문식 지음, 「행복의 관점과 인구통계적 차이에 관한 연구」, 사회복지연구(2013).

우문식·손봉호 외 지음, 『행복은 어디에서 오는가』(학지사, 2019).

우문식·최빛나·양회창 지음, 「긍정심리학 관점의 접근: 긍정정서와 성격강점이 조직몰입과 직무만족에 미치는 영향」, 인문사회과학기술융합학회(2019).

윌리엄 브리지스 지음, 이태복 옮김, 『변환 관리』(물푸레, 2004).

윤정은 지음, 『메리골드 마음 세탁소』(북로망스, 2023).

정유정 지음, 『완전한 행복』(은행나무, 2021).

조너선 헤이트 지음, 권오열 옮김, 『행복의 가설』(물푸레, 2010).

조앤 보리센코 지음, 안진희 옮김, 『회복탄력성이 높은 사람들의 비밀』(이마고, 2011)

조장원 지음, 『나를 지키는 심리학』(중앙books, 2021).

조지 베일런트 지음, 이덕남 옮김, 『행복의 조건』(프런티어, 2010).

진델 시걸 지음, 이우경·이미옥 옮김, 『우울증 재발 방지를 위한 마음챙김 기반 인지치료』(학지사, 2018).

캐런 레이비치·앤드류 샤테 지음, 우문식·윤상운 옮김, 『회복력의 7가지 기술』(물푸레, 2014).

캐럴라인 애덤스 밀러·마이클 프리슈 지음, 우문식·박선령 옮김, 『와튼 스쿨에서 배우는 베스트 인생 목표 이루기』(물푸레, 2017).

크리스토퍼 피터슨 지음, 문용린·김인자·원현주·백수현·안선영 옮김,『긍정심리학의 입장에서 본 성격 강점과 덕목의 분류』(한국심리상담연구소, 2009).

크리스토퍼 피터슨 지음, 문용린·김인자·백수연 옮김,『크리스토퍼 피터슨의 긍정심리학 프라이머』(한국심리상담연구소·물푸레, 2010).

오십부터는 행복하기로 결심했다

초판 1쇄 인쇄 2024년 9월 13일
초판 1쇄 발행 2024년 10월 2일

지은이 우문식
펴낸이 최순영

출판1본부장 한수미
와이즈 팀장 장보라
디자인 윤정아
기획 유승준

펴낸곳 ㈜위즈덤하우스   **출판등록** 2000년 5월 23일 제13-1071호
주소 서울특별시 마포구 양화로 19 합정오피스빌딩 17층
전화 02) 2179-5600   **홈페이지** www.wisdomhouse.co.kr

ⓒ 우문식, 2024

ISBN 979-11-7171-287-8 03190